职业技能培训鉴定教材

ZHIYE JINENG PEIXUN JIANDING JIAOCAI

职业培训师

ZHIYE PEIXUNSHI

编审委员会

薛芳渝 杜 林 范立荣 回春茹 沈小君 宋淑君

编写人员

主 编 沈小君

编 者（以姓氏笔画为序）

肖思学 姚 佳 秦 亮 彭秋云 董焕和

中国劳动社会保障出版社

图书在版编目(CIP)数据

职业培训师/人力资源和社会保障部教材办公室，中国老教授协会职业教育研究院组织编写. —北京：中国劳动社会保障出版社，2015

ISBN 978-7-5167-2270-1

Ⅰ.①职… Ⅱ.①人… ②中… Ⅲ.①职业培训-基本知识 Ⅳ.①C975

中国版本图书馆 CIP 数据核字(2015)第 300013 号

中国劳动社会保障出版社出版发行

(北京市惠新东街 1 号 邮政编码：100029)

*

北京鑫海金澳胶印有限公司印刷装订 新华书店经销

787 毫米×1092 毫米 16 开本 6.75 印张 129 千字

2015 年 12 月第 1 版 2024 年 10 月第 4 次印刷

定价：**18.00** 元

营销中心电话：**400－606－6496**

出版社网址：**http: // www.class.com.cn**

序

随着我国经济的高速增长、经济全球化进程加快、知识经济和信息技术的不断进步，我国职业教育领域面临巨大的发展机遇，同时，也将面临新的挑战。而挑战的发轫端即是我国职业培训人才的奇缺以及职业培训人才队伍整体素质相对较低的现象日益突出，这些已成为严重阻碍行业发展的瓶颈，因此开展职业培训人才专业化培训，提高职业培训人才素质，增强职业培训机构的核心竞争力，出台一套标准化的职业培训师职业教程迫在眉睫。

正是在这种背景之下，我们精心策划，邀请业内众多专家、学者，结合中国职业教育市场的现状，共同编写了这本《职业培训师》教材，为职业培训人员规范培训行为提供学习、参考和借鉴。

作为落实国家人才兴国战略，推进我国职业培训师专业培训与能力评价体系建立的实验性鉴定教材，本书在编写过程中，参阅了大量的国内外文献及相关学科的研究成果，汲取各家之长，内容力求与社会对职业培训人员的实际需要接轨，与职业培训人员的能力评价接轨，与国内国际职业培训业的发展趋势接轨。

本书在编写过程中，得到教育部中国老教授协会、中国国际职业资格评价协会、东亚星空国际文化传媒（北京）有限公司、北京莲语时空国际文化传播有限公司（莲语学堂）的支持和帮助，在此表示衷心的感谢！

鉴于职业培训师岗位能力培训暨考核评价体系建设工作刚刚起步，许多问题还有待探讨，加上编写人员水平和实践的局限，书中不足之处在所难免，我们热忱欢迎广大读者提出宝贵意见，以便不断修改完善。

中国老教授协会职业教育研究院执行院长　沈小君

内容简介

本教材详细介绍了职业培训师应掌握的知识和能力要求。全书分为五章，主要内容包括概述、职业培训师的素质要求和能力要求、教学基础、教学实务、教学技术等。

本教材是职业培训师职业技能培训与考核用书，也可供相关人员参加上岗培训、在职培训、岗位培训使用。

目　录

第1章

概述

第一节 职业

职业是社会分工的产物，是人们在社会分工中所从事的具有专门职能的工作及其对社会所承担的责任。原始社会末期，随着农业和手工业、畜牧业的分离以及奴隶社会初期脑力劳动与体力劳动的分离，职业逐渐出现。职业一词最早见于《国语·鲁语》中："昔武王克商，通道于九夷、百蛮，使各以其方贿来贡，使无忘职业。"我国古代有所谓"六卿分职"之说，这里的"职"指掌管之事，"业"是古代记事的方法，古人把要做的事情在木棒上刻成锯齿状，有多少件事就刻多少个齿，做完一件就去掉一个齿，即"修业"，所以"业"的含义是事。"职""业"即分内应做之事，它与一定的社会分工和完成某件事所需要的技术技能相联系。

从现代观点看，职业是人们为了谋生和发展而从事的相对稳定、有经济收入、专门类别的社会活动，是对人的生活方式、经济状况、文化水平、行为模式、思想情操的综合反映，也是一个人的权利、义务、权力、职责及一个人的社会地位的一般性表征。

一、职业的性质

职业的性质即职业的本质属性，它决定着职业的特点和规律，决定着职业间的联系与区别。

1. 反映了不同职业的表现形式。例如，体力劳动、脑力劳动及脑力与体力综合型劳动。

2. 反映了不同职业的具体内容。一般来说，职业内容包括工作对象、原料、产品等方面，是职业形成的基本依据。

3. 反映了不同职业的类型特点。不同的职业是适应不同的环境和需要而产生的，不同的职业有着不同的生存条件，这就使不同的职业表现为各自明显的类型特征。特征是性质的存在方式，有什么样的职业类型特征，就会有什么样的职业性质。

二、职业的特点

1. 职业的经济性

人们从事职业活动并因此而获得经济收入，构成维持生活稳定持续的主要经济来源。

2. 职业的稳定性

职业通常有着长期积累和发展的历史，在一定时期内相对稳定，有明显的连续性。

3. 职业的社会性

职业是社会分工的产物，是人们所从事的各种社会活动，所以，职业活动的过程也是为社会提供服务的过程。

4. 职业的群体性

职业是社会活动，往往由群体共同承担其复杂的活动内容，职业内不同的岗位对知识和技能及工作规范的要求也不同，但必须有着与职业相关的内在联系。

5. 职业的规范性

所谓“行有行规”，每种职业都有特定的职业规范来维持其有序地开展活动。这主要包括人们在就业活动中应遵守的各种操作规则和章程，以及对应该承担的义务和责任的种种规定。

6. 职业的统一性

相同或相近的职业是指劳动或生产条件、服务对象、操作内容等有着共同的特点，彰显出行业所特有的规范制度、行业方式、组织形态，也通常归属于某一行业协会进行统一管理。

7. 职业的差异性

俗话说，“隔行如隔山”。不同职业因劳动或生产条件、服务对象、操作内容等不同而各异。古代的“三百六十行”发展到今天已经演变成上万种职业。而且随着科学技术的进步、分工的细化，职业的差异性还将继续扩大。

从职业的特点来看，职业无论对社会发展还是个人生存都具有十分重要的意义，它既可以维持社会的运转，为社会创造财富，又对个人维持生存、发展个性和承担义务提供条件。

第二节　职业培训

职业培训是对从业人员进行的以从事某种职业所需要的职业知识、职业技能为主的培训活动。这种培训活动是有组织、有目的进行的，它属于职业教育范畴。职业培训既可以由技工学校、职工学校来实施，也可以通过就业培训中心、职工培训中心、社会培训学校等培训机构来完成。职业培训的开展，一般是由劳动行政部门、经济业务部门、企业和社会团体来组织或实施的。各方办学或办班，由劳动部门进行统筹和综合管理，教育部门负有对培训学校和培训机构进行业务指导的责任。职业培训一般时间较短，培训结束后经考核合格，可按国家有关规定发给相应的培训合格证书和技能等级证书。

职业培训根据不同需要，分为就业培训、岗位培训、岗前培训、在岗培训、转岗培训及其他职业性培训，分别由相应的培训机构、职业学校组织实施。另外根据培训对象、培训内容等具体情况，职业培训又可分为初级、中级、高级职业培训。

一、就业培训

就业培训也称从业前培训，泛指对所有欲从事职业活动的人员（主要是城镇青年，也包括下岗职工）所进行的培训活动。通常指对学生进行以直接就业为目的的长期专门职业技能培训，也包括转业培训，就业培训属于职业技术教育范畴。现阶段，我国城镇就业培训大都由各级劳动服务公司或培训中心来承担，一些技工学校、职业中学也承担了部分培训任务。一些学校举办的短期专业技术培训班同样属于就业培训性质。一些社会团体、民主党派、企事业单位及个人也开办就业培训学校或培训班。开展就业培训是发展城镇经济和个体经济、推动青年自愿组织起来就业和自谋职业、贯彻落实“三结合”就业方针的保证，是改革劳动用工制度、搞活经济的需要。在推行“双向选择就业”工作中，企业可以选择人员，人员也可以根据自己的专业特长、兴趣爱好选择企业。这样，人员就需要具备一定的技术特长以适应“双向选择”的需要。可以说，就业培训是沟通企业招工与人员就业的重要媒介。

二、岗位培训

岗位培训是按照岗位规范要求，对从业人员进行以提高本岗位需要的工作能力或生产技能为重点的培训活动。它是提高从业人员素质的最好形式，岗位培训分为规范化培训和非规范化培训两大类：第一，规范化培训，即按照岗位规范的要求进行的培训。培训内容主要包括岗位工作的职责、权力和要求，职业道德、职业安全、职业纪律和工作程序，必备的专业知识、工作技能和经验等。被培训人员经考核合格，由有关机构发给岗位合格证书，作为取得上岗资格的证明。从业人员在转换工作岗位、晋升职务前也要按新的岗位要求进行岗位培训。第二，非规范化的培训。指对已取得岗位资格的人员，根据岗位工作的新要求进行的培训，一般为短期培训。岗位培训具有在职性、定岗性、全员性、全程性、全面性、规范性、灵活性和直接有效性等特点。

三、上岗前培训

上岗前培训是按不同岗位的基本要求对未上岗的职工进行的教育和培训活动。所有从业者，首先是技术业务要求较高的行业和部门的人员，在上岗前都要进行职业技术基础训练。在关键设备、关键岗位上工作和从事危险性作业的人员，必须经过培训，并经考核合格后才能上岗。转换工作岗位和重新就业的人员也必须经过培训。培训内容包括专业知识、操作技能、安全生产知识、职工守则和职业道德等，由企业采取脱产、半脱产或业余方式进行。

四、在岗培训

对从业人员进行的不脱离所在生产工作岗位，以提高本岗位工作能力为主的培训活动称为在岗培训或在职培训。它是企事业单位对职工进行职业教育活动的主要形式之一。在岗培训的方式可以多种多样，如短期培训班、技术业务专题讲座、专业研究、岗位练兵、技术比武、技术表演赛等。开展在岗培训要注重内容的针对性和实用性，培训对象的全员性、培训过程的全程性，要强调岗位工作的现实需要，全面提高在岗人员的岗位工作能力，在生产工作中迅速见到培训效果。

五、转岗培训

转岗培训是对要转换工作岗位和技术工种的从业人员所进行的取得新岗位上岗资格的岗位培训。转岗培训的内容、培训方式可根据转岗人员的具体情况而定。

第三节　职业培训师

一、职业培训师的定义

职业培训师也称“职业导师”或“职业讲师”，专指通过向不同人群讲授职业知识、传授或示范职业技能而收取相应报酬的职业人群。

二、职业培训师的类别

依据工作性质不同，培训师可以分为为公众服务的职业培训师、为特定人群服务的职业培训师、为企业服务的职业培训师三大类。

1. 为公众服务的职业培训师

为公众服务的职业培训师多指院校及社会化培训机构的培训教师。

2. 为特定人群服务的职业培训师

这类职业培训师多在某一方面有特定专长，根据特定人群的需要提供服务，如演讲培训、销售技巧培训等。

3. 为企业服务的职业培训师（多称企业培训师）

这类职业培训师多以企业顾问的身份为企业提供培训、咨询等业务，其所具备的专业知识与专业技能也是最强的。

三、职业培训师队伍的人员构成

1. 高等科研院校教师

这类人一般是学术功底丰厚的理论派培训师，他们大多数属于传道、授业的类型。

2. 在大企业担任高级管理或技术职务的人员

这类人一般属于在实战中磨炼出来的经验型培训师。

3. 社会知名人士

这类人一般熟知国家的某些政策和发展趋势。

4. 以此为职业，真正的职业培训师

这类人大部分受过专业培训技巧训练，肩负的职责是传道与解惑。

四、职业培训师阶层的产生

职业培训师阶层是经济社会发展到一定阶段的必然产物。职业培训师在国外是一个比较成熟的金领职业。在不少西方发达国家，这一职业已有了明确的职业能力标准、入职的基本要求和专业的发展路径。例如，在英国、澳大利亚等英联邦国家，职业培训师早就被纳入了国家职业资格证书体系，并受到社会各界的追捧。20 世纪 80 年代末以来，许多西方国家的企业家为了帮助公司实现战略目标、提升员工职业素质，乃至社会个体为了自身人生或职业目标的实现，往往会求助于各类专业的职业培训师，让其提供培训服务。进而，职业培训师已逐渐发展成一种提供专业服务的咨询式行业。这意味着，职业培训师不再只是简单地向企业和社会各界提供专业的培训，同时还在积极地谋求企业和个人的进步与发展，并在这种咨询式培训服务的过程中获得自身成长。

在发达国家，由于有广泛的社会需求和大量的潜在客户，培训业已发展成为令人羡慕的主流行业。职业培训师中的绝大多数人拥有不同的行业背景，如咨询业、教育行业、经理人行业、培训业、心理学业、管理行业等。

在我国，职业培训师是在经济转型的过程中，伴随经济和社会的快速发展而涌现出的新兴职业。起初，它是指在企业中从事员工培训的工作人员，后来逐渐发展为对在整个社会中从事培训工作的人员的统称。与此相近的术语还有“培训经理”“培训工程师”“培训讲师”“训练师”等。他们主要涉及以下几类人：

1. 在企业或其他类型的组织中，从事员工培训管理与咨询的各级工作人员。

2. 在企业培训部门或社会培训机构中，专门提供各类课程培训或咨询的讲师。

3. 在企业培训部门、社会培训或科研机构中，从事培训项目和培训课程研发的工作人员。

4. 在社会培训机构中，从事培训管理或其他培训服务的工作人员。

此外，随着“领导即教练”的管理理念日益普及，组织中的各级领导和资深员工也加入到了培训师的行列，成为这支队伍中的生力军。

21世纪，各国科技与智力的竞争，归根结底是人力资源的竞争，进而，是人力资源的充分开发及其利用的角逐，而职业培训则是开发人力资源的重要途径。我国若要在这一轮竞争中脱颖而出，就必须加大各方面的投入力度，加速完善职业培训体系，这就为我国职业培训行业的快速发展奠定了重要基础。如此一来，作为职业培训事业的主角——职业培训师，就从前几年默默无闻的职业，逐渐步入了令人称羡的“钻石”职业和高薪职业行列。

五、我国职业培训师阶层的现状

1. 职业培训师行业初步形成，促进了我国培训业的发展

20世纪90年代以来，由于经济社会的全面发展对职业培训的巨大需求，培训业市场前景被普遍看好，利润空间较大，吸引了众多有志之士加入其中，使得培训师这支队伍初步形成，并对我国培训事业的繁荣及整个国家的经济与社会发展起到了积极的推动作用。随着现代培训理念的逐步引入，我国培训业开始强调需求本位、发展导向、模块式课程、项目合作和活动式方法。这给传统培训模式带来了一定的冲击，同时也引发了培训理念的悄然变化。

2. 职业培训师队伍专业素质参差不齐，影响了总体培训效果

我国职业培训师队伍存在专业素质参差不齐的现象。例如，有些人在培训的方法技巧上欠缺专业素养；有些人虽然专业素质较高，但使用的培训方式比较单一，且培训内容脱离实际。

从学历来看，据不完全统计，职业培训从业人员大都具有较好的教育背景。目前管理类的职业培训师近半数拥有MBA学历，而其他类职业培训师几乎全部是本科以上学历。

从相关经历来看，2/3以上的职业培训师从事过两种以上的工作，约1/2的人拥有相关工作经验。来自高校的职业培训师以兼职、顾问等为主。

从专业背景来看，大多数职业培训师特别是管理类职业培训师的专业分布于教育、外语、财经、管理、数学、法律、医学、历史、新闻等各门类，而技术类职业培训师的培训课程对于所需专业要求较高。尽管相当一部分职业培训师接受过管理类的培训，如MBA，但大部分职业人所接受的专业教育与职业培训师的业务相关性不大，难以做到学以致用。

此外，不少职业培训师在培训课程的开发、培训方法的灵活与有效运用等方面相当欠缺，部分职业培训师还缺乏培训的实践经验，甚至缺乏应有的职业精神和职业道德，这在一定程度上也导致了整个培训业培训效能的低下。

3. 一些主要领域缺乏专业的职业培训师

据资料显示，我国现阶段需求最多、商机最大的培训领域是文化、农业、信息、金融、财会、外贸、法律和现代管理等领域的专业培训；生物技术、环保技术、新材料等领域的高层次科学技术教育和培训；熟悉 WTO 规则、适应国际竞争需要和能够参与解决国际争端的专门谈判人才培训；符合个性化的专业需要，接轨国际惯例的外语培训；跨领域、跨行业、跨学科的复合型人才综合培训。然而，这些领域的职业培训师却最为紧缺。

4. 职业培训师行业动力发展机制缺失，导致其专业化发展缓慢

推动一个行业健康发展的动力机制，应该包括内部动力机制和外部动力机制两个部分。职业培训师作为一个新兴职业，其行业组织的自治与从业人员的自律应该是推动行业健康发展的重要因素。目前，国内职业培训师的行业组织还没有建立，从业人员缺乏一个在专业方面共同交流、培训、学习和提升的平台，同时，缺乏行业规范和专业支持也不利于职业培训师队伍的专业化发展。

除了内部动力机制外，整个社会能否为职业培训师行业的逐步发展提供良好的外部动力机制，也是衡量一个国家职业培训师行业成熟与否的标志。目前，我国刚刚启动职业培训师职业资格证书制度的开发，但由于缺乏对该职业的系统研究，以及研究经费、研究力量等方面因素的制约，致使影响职业培训师专业发展的外部动力机制没有很好地建立起来。

六、我国职业培训师阶层面临的挑战

随着我国经济的高速增长、经济全球化进程加快、知识经济和信息技术的不断进步，我国职业培训行业面临巨大的发展机遇，同时，也将面临新的挑战。

1. 知识更新与传播速度加快

据有关资料显示，人类知识更新的速度在 19 世纪是每 50 年增加一倍，20 世纪初是每 10 年增加一倍，20 世纪 70 年代是每 5 年增加一倍，而 20 世纪 80 年代则是每 3 年增加一倍。20 世纪 90 年代，计算机网络的出现使得知识增长速度进一步加快。据测算，进入 21 世纪以来，互联网上的数字化信息每 8 个月就会翻一番。知识、信息的更新速度如此之快，人们再也不可能指望在学校就能一次性完成全部知识的储备。曾经有人用“知识爆炸”来形容如今知识的迅速更新和高速传播。这就要求职业培训师必须不断更新自身的专业知识与技能。

2. 成人学习的社会化和普及化

由于知识更新和传播的速度既快又广，从而带来了成人学习的一个新特点——成人学习的终身化及成人学习的进一步社会化和普及化。在社会经济高速发展的今天，想要在不进则退的社会竞争中求得生存，每个人都必须在一生中持续不断地学习。“学

习型社会”建设目标的提出，在全社会倡导了学习的新理念，更是为成人终身学习打下了坚实的社会基础。人们获得知识的渠道越来越多，一定意义上也对职业培训师提出了新的挑战。职业培训师必须能够为企业提供针对性很强的培训方案，帮助企业解决实际问题，达成组织的战略目标。

七、我国职业培训师行业的发展方向

1. 严格规范职业培训师专业证书的颁发

职业培训师人才评价标准和培训体系的建立，是确保职业培训师行业健康有序发展的前提。目前国家人力资源和社会保障部、教育部正在积极探索和开发建立职业培训师人才评价标准和培训体系。

教育部中国老教授协会、中国成人教育协会等机构对职业培训师项目的培训、考核及专业证书颁发的管理，必将更好地促进我国职业培训师行业的健康发展及社会化培训资源的优化配置。

2. 进一步健全职业培训师行业的专业组织

目前很多发达国家都有自身的培训专业组织，例如英国的 NVG、美国的培训与发展协会等，正是这些培训组织发挥的积极作用，有力地促进了培训师队伍的发展，同时也形成了行业规范，并保证了行业发展的专业性和规范性。我们应借鉴其先进经验，加速建立健全我国自治性培训行业组织。

3. 切实规范职业培训市场秩序

客观地说，目前我国的培训市场较为混乱，很多不规范的做法既损害了学员的利益，也损害了培训机构和职业培训师的利益，尤其是优秀培训机构和职业培训师的切身利益。以后，工商、行会、消费者协会等部门将联合执法，依法严惩不规范行为，确保职业培训业健康有序发展。

第2章

职业培训师的素质要求和能力要求

第一节 素质要求

一、普遍性素质

所谓普遍性素质就是指作为一名合格的职业培训师所应普遍具备的素质。

1. 思想道德素质

爱岗敬业，作风正派；具有强烈的事业心和责任感。具有正确的人生观、世界观，热爱祖国、热爱人民、热爱学生。

2. 科学文化素质

首先，要掌握自然科学和人文科学。现代科学的发展出现了既分化又综合的趋势，各种学科相互渗透、相互结合，这就向职业培训师提出了新的要求。职业培训师只有把所学知识融会贯通，才能更好地为学生进行讲解。其次，职业培训师应了解新知识、新技术。21 世纪是信息社会，信息的迅速传播及电子技术的广泛使用，使传统教与学的内容发生了很大的变化。职业培训师必须及时调整、更新自己的知识结构，了解高新技术的发展，站在高科技的前沿。

3. 心理素质

心理素质是职业培训师的情感、意志、理想、信仰等精神素质的总和。职业培训师必须具备适应社会环境的优秀心理素质，以和蔼可亲的态度去爱护学生，以自己健康的心理去教化学生，做学生的良师益友。

4. 身体素质

职业培训师的劳动兼有脑力和体力两方面的特点。职业培训师肩负教书育人的重任，必须有强健的体魄、健康的大脑和旺盛的精力，同时还要掌握体育理论知识和心理生理卫生知识，养成锻炼身体的良好生活习惯。只有健康的职业培训师，才会有健康的职业教育，才会有职业教育事业发展的希望和辉煌。

5. 综合素质

良好的形象管理，得体的措辞和手势，为人师表，言传身教。

二、职业教育素质

职业培训师的职业教育素质以“双师型”为外在标签，以动手能力为实质标志，以实践教学能力为主要表现。

职业培训师应具有足够的与职业教育相关的经济学基本理论和实践知识，具有准确透彻地理解经济改革、企业竞争的策略，具有“基于职业属性的专业观”“基于行动导向的教学观”“基于工作过程的课程观”“基于多元智能的人才观”“基于开放评价的质量观”“基于全面发展的能力观”“基于生命发展的基础观”及“基于情境创设的建设观”等现代职教观，对职业教育的目标类型、专业类型、课程类型、教学类型有深刻的认识，能够了解和把握学术性教育、工程性教育、技能性教育的区别，具有能够将专业新技术、新工艺、新方法、新知识等前沿内容及时渗透到专业教学中的能力。

职业培训师既要有扎实的理论功底，又要有相应的操作技能。能结合课堂理论教学进行演示、演练、实验，以解决理论教学过程中遇到的理论验证和加深认知的问题；能独立承担和完成教学（或生产）实习、技能强化训练等实践性教学任务，在实验室或实训基地的模拟环境中进行教学；能熟练地对实验、实训、实操、实习中所涉及的动手操作的教学内容给予学生正确而恰当的指导，全面促进学生应用专业知识解决实际问题能力的形成；能根据学生实际、专业要求、企业需求调整涉及实验、实训、实操、实习的内容；能在实训基地和校外企业的实际工作环境中对学生进行毕业实习、见习指导。

第二节 能力要求

一、普遍性能力

1. 课堂驾驭能力

（1）课堂教学设计能力。具有紧扣学生实际，以就业为导向，围绕学生的职业知识、职业能力、职业态度、职业习惯、职业道德的形成来安排、取舍、强化教学内容、教学步骤、教学方法。教学内容做到科学性、人文性、社会性、实用性有机融合，教学方法能激发学生的学习兴趣和求知欲望，吸引学生主动参与。

（2）课堂教学实施能力。采用适当的教学策略与教学方法、有利于学生的主动学习、促进学生主体发展，能实现学生在广度、深度上的主动参与、合作学习，促进学生的个性发展；能够灵活运用现代教学技术手段演示实验，教具的运用适时适度，并且操作规范、熟练；课堂气氛民主、平等、融洽、和谐；体态语言适度、得体、自然。

（3）教材处理能力。具有强烈的“教什么”“为什么教”“怎么教”“教到什么程度”的价值意识，熟悉教学大纲、职业资格标准及企业用人标准，清楚所任课程在专业大类、专业、职业、岗位中的地位及要求；能正确理解教材并根据学生的实际发展水平和特点，创造性地使用教材，合理确定教学的重点和难点。

2. 表达能力

（1）口头表达能力。有较强的口头表达能力，语言清晰准确、简洁易懂、生动有

趣，逻辑性、启发性、教育性强，主次分明，抑扬顿挫，对学生有较强的感染力和吸引力。普通话水平达到国家语委“普通话水平测试标准”二级甲等以上。

（2）文字表达能力。具有较强的文字表达能力，字迹端正，能写出具有较高水平的文字材料，如工作总结、教改实验报告、班级情况分析等，并能指导和帮助学生修改文字；板书正确、清晰、有条理。

3. 组织管理能力

包括教学过程中的管理能力、班级管理的能力、参加学校管理的能力等，其中主要是班级管理的能力。

班级管理能力包括：确定适宜的愿景，形成良好的班风和优秀班集体；具有实施学生行为管理的能力，包括学习行为管理、纪律行为管理、卫生行为管理、学生宿舍管理、体育锻炼管理及班级干部管理等，能矫正学生不良行为习惯并逐步使其养成良好的行为习惯；能使学生认识礼仪内涵并遵守礼仪规范、形成规范的礼仪；能对班级学生的生活进行管理，促使学生形成懂得、学会、热爱、创造生活的能力；具有通过管理使学生形成学会求知的能力，班级的学风好、学生的学习兴趣浓；能够恰当地运用激励机制。

4. 掌握和运用信息的能力

对信息的获得、加工、处理和运用是现代信息社会中职业培训师必备的一种能力。职业培训师应及时掌握各种信息，准确把握与职业教育相关的各种变化趋势；有获取信息、积累信息、分析信息和运用信息的能力，能通过互联网搜寻、传送、加工信息等；具有良好的计算机网络知识和利用计算机进行数据处理、分析与综合的能力。

5. 教育科研能力

具有教育科研预见能力、理论思维能力，熟悉教育、教学中的本质问题，善于从具体的工作实践中发现和探究问题，对学生的学习及自己的教育教学能力进行深入的分析和判断并组织科研活动，善于升华自己的意识，善于阐述新见解。

6. 创新能力

思想解放，不囿于传统教育观念，乐于接受现代教育理论，敢于在教育改革中大胆创新，善于培养学生的创新精神和实践能力，开阔和活跃每个学生的思维和思想；能在教育教学上努力寻求打造具有未来就业竞争力、生存竞争力、创业竞争力等新型人才的新方法、新突破。

7. 自我完善能力

具有使自己的人格、思想和业务不断发展和完善的能力，包括师德的提升、参与教学和科学研究活动、继续学习、善于与他人合作的能力，善于自我调节心理和控制情绪。

8. 现代教育技术运用能力

能用教育技术从事个人教育教学、研究和交流；能够以多种多样的方式把计算机技术整合到课堂中以支持学生的学习，教育技术的运用能力和教学语言紧密配合，符合学生思维发展，做到技术性与科学性、艺术性相统一。

9. 心理指导能力

具有对心理健康标准的理解和把握能力，能平等对待、点面结合、积极适度地指导学生进行心理保健；能对学生常见的人格障碍及心理疾病进行疏导与预防，帮助学生认识挫折，增强承受挫折的能力，克服人际交往障碍；能完成学生一般的心理咨询。

10. 德育指导能力

能够充分认识职业教育机构德育的核心是职业道德，明确职业道德和岗位技能是职业教育机构学生职业生涯的两大支点；具有对德育的本质——“参与”“认同”深刻理解和认识的能力；具有创建职业院校德育基本途径的能力，能在方法层面落实“人人德育、事事德育、时时德育、处处德育”的大德育观。

二、职业教育能力

1. “双师型”能力

具有熟练的专业技术能力、基本的实验能力和设计能力等，既具有教师系列职称，又同时具有与所在教学岗位相同或相近专业的技术职称，能将各种知识技能、技术相互渗透、融合和转化；具有本专业生产服务一线的工作经历；具有一定的组织生产、经营、创业和科技推广能力。

2. 社会交往能力

职业教育有别于普通教育的一个很大不同就是：职业教育机构需要面对人才市场，是人才市场的主体，向人才市场提供服务。因此，作为职业培训师，必须具有面对市场、面对市场中复杂的人际关系、善于协调各种复杂社会关系的能力。

3. 把握职业教育及教学规律的能力

能在职业教育教学工作中，以职业技能为中心，重视职业知识、职业态度、职业习惯、职业道德并以此确定目标与内容；按照职业训练重于读书与听讲的特点选择教学方式；按照职场情境重于信息创设、实践重于应试的取向来评价学生的学业成绩。遵循技能形成过程的规律——由单项职业技能的学习（感知、形成联系、自动化）到综合职业能力的形成（接受阶段、具体化阶段、整合阶段）来组织教学内容和选用教学方法。

4. 职业教育质量的测量与评价能力

具有对传统的职业教育教学进行测量与评价的反思、改革能力；具有实施以能力为本位的测量与评价的能力，变学业成绩为能力评价，评价内容由适应教育结构向适应就业结构转变；具备把考试内容与职业岗位能力标准对接的能力；具有模拟现场测量与评价的能力。

5. 学分制和弹性学制的应对能力

具有教育服务意识，树立课程即“产品”的现代服务型课程观；能深刻认识学分制在教学管理机制、教育方式选择、能力培养过程等方面的优势及学分制的有关概念和规律；能在学分制下进行学籍管理、教学秩序管理、学生管理；具有发挥信息化技术在学分制管理中作用的能力。

6. 以就业为导向的课程调节能力

能进行社会需求分析、行业分析、职业分析、工作分析、专项能力分析，能正确把握就业、升学、创业的知识体系、能力体系；具有改革以学科为导向的课程结构，搭建以主题为导向、行动为导向、任务驱动为导向的课程结构的能力；明确职业教育培养目标、适应职业岗位能力要求及国家职业资格标准的课程目标，能构建与学分制和弹性学制要求相适应的课程；能把握、借鉴国外“双元制”、CBE、MES 等课程模式，对我国职业教育课程存在的主要问题有比较深刻的认识；能按实践导向的课程模式组织课程。

7. 具有较好地认识职业教育机构学生身心的特点并按照其特点实施教育教学的能力

能较为准确地把握职业教育机构学生的自卑心理、渴望理解、希望获得他人尊重、不能容忍他人的轻视、学习自觉性两极分化、认识模式职业化、理想现实化等特点，并按照这些特点实施教育教学。

三、实践指导能力

1. 就业指导能力

能识别职业教育机构学生的类型（风险性、事业性、实惠性、虚荣性、平庸性、负载性、超越性）；具有指导学生正确择业的能力；能根据学业特点、社会环境、各用人单位的情况指导学生择业；能收集、处理就业信息；具有指导学生准备求职材料、准备求职面谈和面试的能力；能对影响学生度过就业适应期的若干因素进行理性分析，能引导学生成功就业。

2. 课外实践活动指导能力

能做好课外实践活动的管理，制订好课外实践活动计划，切实加强活动计划实施的指导与检查，并做好课外实践活动的总结；能灵活地组织和实施科技、专业、学科、体育及社会等课外实践活动；能在课外实践活动中较好地处理普及与提高的关系、学校与社会的关系、学校与家庭的关系。

第3章

教学基础

第一节　教学目标

一、教学目标的概念

教学目标是指教学活动实施的方向和预期达成的结果，是一切教学活动的出发点和最终归宿，它既与教育目的、培养目标相联系，又不同于教育目的和培养目标。

职业教育的教学目标是职业能力的培养，职业能力是能力本位教育的核心。“能力本位教育”（competency based education，CBE）是以美国心理学家布鲁姆思想为基础的能力本位职业教育模式，其产生于美国，随即传到加拿大，20 世纪 80 年代后传播到欧洲。职业能力的概念是能力本位教育的核心概念。然而不同国家对职业能力有不同的理解，英语国家看重通过考核鉴定可确定具体的技能和绩效，德国则强调人的能力发展过程。职业教育是培养“岗位能力”，还是完成综合性工作任务的能力；是保证实现当前就业需要，还是奠定持久职业生涯发展的基础，决定职业教育的发展方向。

职业教育就是确立“能力本位”的思想，以培养“职业能力”为目标，尤其是关键能力，促进人的全面发展。其核心内容是职业能力。

二、职业能力

职业能力是人们从事一门或若干相近职业所必备的本领。职业能力是个体在职业、社会和私人情境中科学思维、对个人和社会负责任行事的热情和能力，是科学的工作和学习方法的基础。

按照不同的分类依据，可以对职业能力从不同的方面进行分类，从能力的组成元素上看，职业能力包括有关的知识、技能、行为态度和职业经验成分等；从能力所涉及的内容范围上看，职业能力可分为专业能力、非专业能力（方法能力、社会能力和关键能力），如图 2—1 所示。

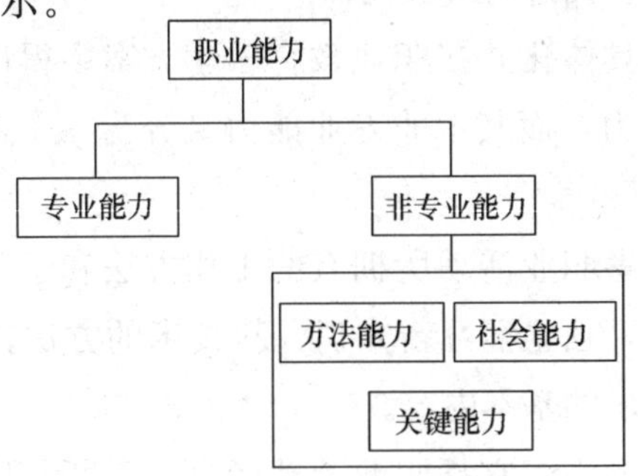

图 2—1　职业能力的组成

1. **专业能力**

专业能力是在特定方法引导下，有目的、合理利用专业知识和技能独立解决问题并评价成果的能力。它是职业业务范围内的能力，包括单项的技能与知识、综合的技能与知识。

在职业培训中，人们主要是通过学习某个职业（或专业）的专业知识、技能、行为方式的态度而获得专业能力。通常，专业能力包括工作方式方法、对劳动生产工具的认识和使用及对劳动材料的认识等。

专业能力是劳动者胜任职业工作和赖以生存的核心本领。合理的知识结构及专业的应用性、针对性是对专业能力的基本要求。

2. **非专业能力**

非专业能力概念的产生有其深刻的社会经济背景，其主要集中地体现在两个方面。在劳动力市场上，不断加速的技术进步使得知识技能的半衰期急剧缩短，加速了具体职业知识技能的老化。这一方面造成了在劳动力市场上各行业间劳动力流动和适应性问题，另一方面造成了经济界对劳动力需求和教育界对劳动力培养之间的协调问题，即对就业能力结构发展的预测变得越来越困难，因而教育对劳动力培养的针对性也变得更加困难。这就产生了对相对不易被淘汰的能力的需求，例如通过自觉独立的继续学习来更新知识，适应变化的职业要求的能力。

现代企业对技术人员的要求越来越高，技术人员应能在“非标准的”环境下有效地工作。其中，独立进行计划、实施和检查的能力成为对现代高素质劳动者的要求，但这种能力的培养仅仅通过专业知识和技能的传授是很难实现的。

非专业能力对人生历程的各个方面如职业生涯、个性发展和社会存在起着关键性的作用，是那些与一定的专业实际技能不直接相关的知识、能力和技能，它更是在各种不同场合和职责情况下做出判断选择的能力；是胜任人生生涯中不可预见的各种变化的能力。

一般来说，非专业能力可以理解为跨专业的知识技能和能力，由于其普遍的适用性而不易因科学技术的进步而过时或被淘汰。

为使职业行动能力更具体化并在职业教育教学方案中得以体现，一般将职业能力分为专业能力和非专业能力，而其中非专业能力又分为三个部分，即方法能力、社会能力和关键能力。

（1）方法能力。指从事职业活动所拥有的工作方法和学习方法，例如制订工作计划，解决问题的思维方式，独立学习新知识、新技术的方法，对工作学习结果的评估方式等都属于方法能力要求的基本内容。

方法能力是基本发展能力，它是职业劳动者自身不断获取新知识，掌握新技能的重要手段。强调方法的逻辑性、合理性及科学的思维模式是对方法能力的基本要求。

（2）社会能力。指从事职业活动所具备的人际交往、公共关系、环境意识、职业道德等方面的能力。例如在工作中的合作能力、团结协商能力、自我批评能力及细心、诚实、认真、责任心等能力。社会能力不仅是生存能力，还是职业者的发展能力，是现代社会中必须具备的基本素质。积极的人生态度，适应社会和遵守社会的行为规范是社会能力对职业者的基本要求。

（3）关键能力。是指对那些与具体工作任务和专门技能或知识无关的，但是对现代生产和社会顺利运转起着关键作用的能力的总称，它是由德国社会学家梅滕斯（D. Mertens）于1974年首先提出的。我国学者姜大源对关键能力的描述是：当劳动组织发生变化或者当职业发生变更的时候，这种能力依然存在而且能使职业者重新获得新的知识和新的技能。

如果职业者具备了这样一种能力，并成为自身的基本素质，那么当职业发生变更，或劳动组织发生变化时，就能够在变化的环境中重新获取未来新的职业技能与知识。这种能力在职业者未来的发展中起着关键性的作用，是职业者的综合职业能力。关键能力是方法能力与社会能力的进一步发展。

第二节　教学模式

教学模式是在一定教学思想或教学理论指导下建立起来的较为稳定的教学活动结构框架和活动程序。教学模式作为结构框架，从宏观上把握教学活动整体及各要素之间内部的关系和功能，其作为活动程序则突出了教学模式的有序性和可操作性。

一、教学模式概念

教学模式是20世纪70年代在美国兴起的教学研究的新领域，其研究成果于20世纪80年代中期传入我国，20世纪80年代末至20世纪90年代初成为我国教学理论研究的热点问题。教学模式也是教学理论研究中与教学实际联系最为紧密的问题，它是连接教育理论与教学实践的桥梁，能使各种先进的教育思想及时、有效地转化为推动教学改革的实际力量。

如何定义教学模式，目前还尚无定论。据初步统计，在我国较有影响的关于教学模式的定义大致有四种。

1. 认为教学模式是“一种可形成课程、设计教材和在课堂及其他场合指导教学的计划或范式”。这个定义是由美国学者乔伊斯和威尔提出来的，它得到了我国和世界各国很多学者的认同。

2. 认为教学模式属于方法论范畴，其中有的认为模式就是方法，有的认为模式是多种方法的综合。

3. 认为教学模式与“教学结构功能”紧密相连，它是在一定教学思想指导下，对教学客观结构做出的主观选择。

4. 认为教学模式是在教学实践中形成的一种设计和组织教学的理论，这种理论以简化的形式表达出来。

根据对各派著作中所收集的教学模式的分析，以及现实学校教育中各种实际运行的教学模式的考察，对教学模式做了如下界定：教学模式就是在一定的教育思想和教学理论指导下，为实现一定的教育追求或解决一定的教育问题而制定的有关教学目标如何制定，教学活动如何组织、设计、调控和评价的操作程序与策略体系。

二、教学模式的要素

教学模式通常包括下列要素，这些要素之间有规律的联系，就是教学模式的结构。

1. 指导思想

指导思想是制定教学模式所遵循的教育理念和哲学思想，它决定着教学模式制定的价值取向。

2. 理论依据

理论依据是制定教学模式所依据的教育、教学理论，以及由此产生的对教育、教学活动的规律性认识。教学模式是一定的教学理论或教学思想的反映，是一定理论指导下的教学行为规范。不同的教育观往往提出不同的教学模式。例如，与建构主义学习理论及建构主义学习环境相适应的教学模式可以概括为以学生为中心，在整个教学过程中由职业培训师起组织者、指导者、帮助者和促进者的作用，利用情境、协作、会话等学习环境要素充分发挥学生的主动性、积极性和首创精神，最终达到使学生有效地实现对当前所学知识的意义建构的目的。

3. 目标指向

目标指向是通过教学模式的制定和实施所要实现和解决的问题，以及它的适用条件和适用范围。任何教学模式都指向和完成一定的教学目标，在教学模式的结构中教学目标处于核心地位，并对构成教学模式的其他因素起着制约作用，它决定着教学模式的操作程序和师生在教学活动中的组合关系，也是教学评价的标准和尺度。正是由于教学模式与教学目标的这种极强的内在统一性，决定了不同教学模式的个性。不同教学模式是为完成一定的教学目标服务的。

4. 操作程序

操作程序是教学模式较为稳定的运行程序。每一种教学模式都有其特定的逻辑步骤和操作程序，它规定了在教学活动中师生先做什么、后做什么，各步骤应当完成的任务。

5. 操作要领

操作要领是为保证教学模式运行畅通而提出的教学过程中应该重点把握的问题和建议采取的措施，其中既包括应用教学模式的注意事项，也包括执行教学程序的基本规范和与之相适应的各种教学方法。

6. 评价体系

评价体系包括教学评价的理念、原则、程序、方法和各种具体的评价指标。教学评价是指各种教学模式所特有的完成教学任务与达到教学目标的评价方法和标准等。由于不同教学模式所要完成的教学任务和达到的教学目的不同，使用的程序和条件不同，其评价的方法和标准也有所不同。目前，除了一些比较成熟的教学模式已经形成了一套相应的评价方法和标准外，有不少教学模式还没有形成自己独特的评价方法和标准。

7. 实现条件

实现条件是指能使教学模式发挥效力的各种条件因素，如职业培训师、学生、教学内容、教学手段、教学环境、教学时间等。

三、教学模式的性质

1. 中介性

任何教学模式都是介于教学理论与教学实践之间的中间环节，是连接教学理论与教学实践之间的桥梁。教学模式的中介性是指教学模式能为教学提供一定理论依据的模式化的教学法体系，它使职业培训师摆脱了只凭经验和感觉，在实践中从头摸索进行教学的状况，搭起了一座理论与实践之间的桥梁。教学模式的这种中介性，是和它既来源于实践，又是某种理论的简化形式的特点分不开的。

一方面，教学模式来源于实践，是对一定的具体教学活动方式进行优选、概括、加工的结果，是为某一类教学及其所涉及的各种因素和它们之间的关系提供一种相对稳定的操作框架，这种框架有着内在逻辑关系的理论依据，已经具备了理论层面的意义。

另一方面，教学模式又是某种理论的简化表现方式，它可以通过简明扼要的象征性的符号、图式和关系的解释，来反映它所依据的教学理论的基本特征，使人们在头脑中形成一个比抽象理论具体得多的教学程序性的实施程序。便于人们对某一教学理论的理解，也是抽象理论得以发挥其实践功能的中间环节，是教学理论得以具体指导教学，并在实践中运用的中介。

2. 可操作性

教学模式不是空洞的理论和口号，而是具有操作性的行动方案和策略体系。

3. 稳定性

教学模式不是解决一时一事具体问题的教学处方，而是针对某一层次、某一类型教育的较为普遍的教学问题，是在以往经验的基础上制定的较为成熟和稳定的综合性解决方案，它既有坚实的实践基础，又有可靠的理论依据，能对其适用的教学活动起指导和示范作用。

4. 灵活性

教学模式是解决某一类型教育的较为普遍的教学问题的，因此它的使用必须讲究灵活性。教学模式不是不可变通的金科玉律，也不是一成不变的僵死教条，职业培训师在应用它时只有充分发挥自己的主观能动性，根据具体情况创造性地应用模式，才能使其真正发挥作用。

四、职业教育的主要教学模式

从教学目标的角度看，目前国内外职业教育模式有很多种，在此介绍三种基于学习理论职业教育的主要教育教学模式：基于训练主义职业教育教学模式、基于认知主义职业教育教学模式和基于情境建构主义职业教育教学模式。

1. 基于训练主义职业教育教学模式

目标是训练劳动者的操作技能。它以社会效率主义为基础，具有以下特征：

（1）教学对象被看成“被动的受训者”。

（2）教学内容为机械的、可重复的、相对稳定的动作技能，强调技能的标准性、统一性，并用行为目标来表述教学目标。

（3）让个体在模拟的（有时也在真实的）工作情境中通过反复模仿、练习来获得技能。

（4）学业评价方法采取总结性评价和标准化评价。

2. 基于认知主义职业教育教学模式

目标是让学生掌握系统的专业理论知识。其主要的观点如下：

（1）学习者被看成积极的知识同化者、信息加工者，而不是“被动的受训者”。

（2）非常重视理论知识的学习以及解决问题能力、学习能力等的培养，以适应高技术含量的工作环境和个体职业能力未来继续发展的需要。

（3）非常重视按照认知理论所揭示的学习心理机制来设计教学过程，教学过程以系统的课堂理论讲授为主。

（4）评价方法采取形成性评价与终结性评价相结合。

3. 基于情境建构主义职业教育教学模式

目标是以建构主义学习理论和情境学习理论为基础。职业教育教学模式的发展趋势，应当是彻底摆脱技能训练和认知发展的二元论困境，寻找一种能够融理论与实践于一体，并且把学习者视为主动的工作者的教学模式。它的基本主张如下：

（1）以实践为先导，以任务为本位，激发学生的学习动机。

（2）充分认识到学生已有的知识、技能在新的学习中的重要作用。

（3）应当允许教学过程有一定的弹性。

（4）应当强调学生对知识、技能的主动建构。

（5）教学应尽可能在真实的职业环境中进行。

（6）职业培训师应鼓励学生对学习内容的多重观点和表征。

（7）应当鼓励学生的自我管理、自我调节，加强自我意识。

第三节　教学特点

一、教学对象的复杂性

职业教育机构教学对象的复杂性主要表现在两个方面：一是教学对象年龄、阅历层次的复杂性。职业教育机构有青年学生，也有青年从业者，还有工作多年的成年人；二是教学对象学习、心理状况的复杂性。进入职业教育机构的学生，其学习基础、学习目的、学习动机及对所学专业（工种）的认识、情感等有着较大的差异，自然就存在着各种各样影响学习的消极因素，增加了教学的复杂程度。

二、教学活动的实践性

实践性是职业教育区别于普通教育的主要特征之一。职业教育的培养目标决定了其教学活动各个环节的展开都以有利于形成学生的实际职业能力为标准，职业教育机构的教学过程是引领学生从学习阶段转向社会实践阶段的过渡，是帮助学生将高度抽象的专业理论知识应用于具体实践活动、服务于社会的过程。因此，在职业教育机构的教学过程中，实习、实践的环节与要素始终占有一定的比例。这就使得职业教育机构的教学活动，无论是教学方法、教学组织形式的选择，还是教学手段的选用，都呈现出鲜明的实践性特征。

三、教学内容的实用性

以发展职业行动能力和促进人的全面发展为目标的职业教育，旨在培养学生获得一种能满足某一职业或工作需要的职业能力，而不是追求理论水平，也不是追求学历文凭。因此，其教学内容应该以过程性知识为主、陈述性知识为辅（见图 2—2）。过程性知识涉及经验和策略方面的知识，主要回答“怎样做”和“怎样做更好”的问题。该类知识也称为程序性知识或操作性知识。陈述性知识涉及事实、概念、规律、原理方面的知识，主要用于说明事物“是什么”“怎么样”“为什么”等问题。也就是说，职业教育教学内容以未来工作岗位中实际应用经验和策略的习得为主，以适度、够用的概念和原理的理解为辅。这就要求职业教育教学在内容的选择上，既要考虑到使学生掌握一定的文化基础知识和专业知识，还要注重教学内容的实用性和应用性，以培养学生的实践技能。

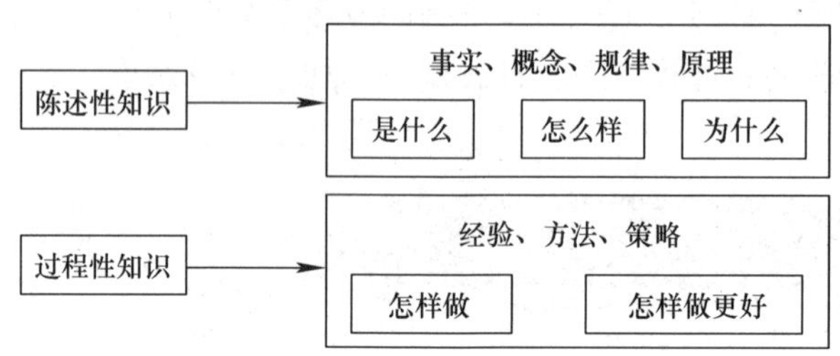

图 2—2　陈述性知识与过程性知识

职业教育机构使用的教材，是以职业活动分析为基础，以职业行动为依据，横向综合各有关学科的知识点和技能，根据教学目标分类要求，形成以培养职业能力为目标的新课程结构。

第四节　教学本质

教学本质是教学过程中各种现象内在的、隐藏的、共同的属性与特征，它决定教学的存在，推动着教学的运动与发展。教学的本质是促进学生认识和发展的过程，通过教学促进学生认识和发展的统一。

一、职业教育教学的本质是职业培训师引导学生的特殊认识过程

职业培训师将技能与科学文化知识传授给学生，并引导学生认同社会的道德规范、思想意识；学生在职业培训师的指导下，认识客观世界，获得知识、技能、道德、意识等。所以职业教育的教学过程也是学生的认知过程。学生的认知过程，要通过一定的实践获得一定的感知认识作为基础，同时，学生获得的理论最终要回到实践中去接受实践检验和指导实践。学生的认识过程有以下几个特点：

1. 学生所学的知识和技能大部分是从间接经验开始的。学生要在有限的时间里掌握大量的知识和技能，必须依靠职业培训师的指导而不能只靠学生自己的摸索。所以在这个过程中职业培训师起主导作用。

2. 职业教育教学不仅是知识、技能的传递过程，也是学生世界观、价值观、道德

品质、心理素质的形成过程。职业培训师必须从培养人的角度出发，重视学生的思想品德、职业道德等方面的教育，要有意识地结合不同的教材，通过启发诱导与潜移默化，形成正确的思想观念。

3. 职业教育教学过程的进行要受学生心理活动规律的制约。在教学过程中，职业培训师必须激发学生的学习动机，培养学生的学习兴趣，锻炼学生的学习意志。将职业培训师的主导作用与调动学生的主动性、积极性很好地结合起来。职业教育教学过程要将理论和实践教学结合起来，提高教学质量。

二、职业教育教学是促进学生全面发展的过程

职业教育教学过程是职业培训师引导学生系统掌握科学基础知识和基本技能，使学生的身心得到应有发展的过程，职业教育教学的特点如下：

1. 有计划有系统地学习

可以促进学生的全面发展，为顺利实现教学目标提供有利条件。

2. 有目的有计划地学习

在教学过程中，学生的生理和心理活动处于相互影响和相互促进的过程中，良好的教学过程能促进学生的发展。

3. 教育教学过程选择合适的教材

内容新颖、科学性和趣味性强的教材能培养学生情感和意志及性格等多方面的品质。

在教学中运用灵活多样的教学方法，提高学生知识的广度和深度，使学生顺利完成学业。

第五节　教学原则

教学原则是人们根据一定的教学目的、遵循教学规律而制定的指导教学工作的基本要求。它包括三方面的含义：教学原则服务于教学目的；教学原则依赖于人们对教学规律的认识；教学原则对教学内容、教学方法、教学组织形式的设计与应用起指导作用。

职业教育的教学活动既有与一般教学活动的共通性，又有自己的特殊性。在职业教育教学活动中，除了要遵循一般教学活动原则外，还要遵循以下几条原则。

一、职业性原则

职业的内涵既规范了职业劳动的维度，又规范了职业教育的标准。就教学活动来

说，职业性原则包括两方面的含义：一是指职业学校教学活动的展开应该以岗位需求为依据，即以就业为导向。二是指在职业学校的教学过程中，要注意培养学生的全面发展，如社会责任感、心理承受力、参与意识、积极性、主动性、成功欲、自信心、宽容、团体工作的协调、语言及文字的表达能力。

职业性原则是由职业教育机构的培养目标和职业教育的规律所决定的。职业教育是在普通教育的基础上，以某一个专业为基本教育单位，为与该专业相对应的职业岗位培养专业技能人才的。从职业教育的本质属性看，其终极目标主要是培养一个合格的职业人。

贯彻职业性原则的基本要求如下。

1. 职业培训师要了解职业岗位需求

职业培训师不仅要熟练掌握所教专业的学生应具备的知识、能力结构及其范围，以及该领域中新知识、新技术、新工艺，还要了解学生未来所从事职业的业务范围、工作环境、技术要求、生产经营特点和劳动组织形式等。这就要求职业教育机构的职业培训师应具备一定的实际工作经验，并定期进行培训提高。这样，职业培训师就能够根据各专业所对应的职业岗位的变化而对专业教学内容、教学方法进行相应的改革，以提高职业教育教学的有效性和针对性。

例如，德国各州对于职业培训师的继续教育规定，职业培训师参加进修培训是一种必须履行的义务，一般每年至少要有一周五天的时间，进修时间一般由职业教育机构决定，进修单位可以是大学、其他职业学校、企业或者其他机构。

2. 教学过程的展开以职业岗位需求为依据

职业教育的最终目标是使学生具备从业能力。因此，无论是教学目标的制定、教学内容的组织，还是教学方法的选择、教学结果的评价等各个环节都应该尽可能地体现职业岗位的需求，使教学过程与工作过程相一致。

首先，教学内容（尤其是专业理论课的教学内容）应以职业岗位所需的知识、技能和素质结构为选择的依据和组织的标准。职业培训师应有针对性地帮助学生选择学习资源，编写教学参考资料或技术文件。

其次，教学方法的选择不仅应符合教学目标、内容要求和学生认知特点的最优化的方法，而且也要尽量适宜培养学生的动手操作能力。

最后，教学评价和学生评价要以职业岗位能力标准为基准。职业教育教学过程重视与未来工作相衔接，增强学生运用所学理论解决实际问题的能力，使学生顺利地适应未来工作需要，从而提升学生的岗位竞争力。

3. 促进人的全面发展

人的个性差别是客观存在的，全面发展既要对学生整体素质有要求，达到社会人的基本素质水准，又不能抹杀个体个别发展的需要，应允许学生在一般发展的基础上有重点、有选择地发展个性。人的个性发展是知识、技能和经验的整合。职业教育机构的教学过程，要将专业学习、开发和研究性学习，甚至社会服务等社会实践结合在一起，强调学生通过实践增强创新意识和能力，学习科学的工作和学习方法，发展解决综合问题的能力，增进学习、工作与发展的密切联系。

二、实践性原则

职业教育的教学以工作过程为导向，职业教育的教学内容不再是按照学科及学科自身的逻辑体系来构建，而是将具有职业特征的工作任务按职业发展规律进行确定，即从新手到专家的能力发展规律，如图 2—3 所示。

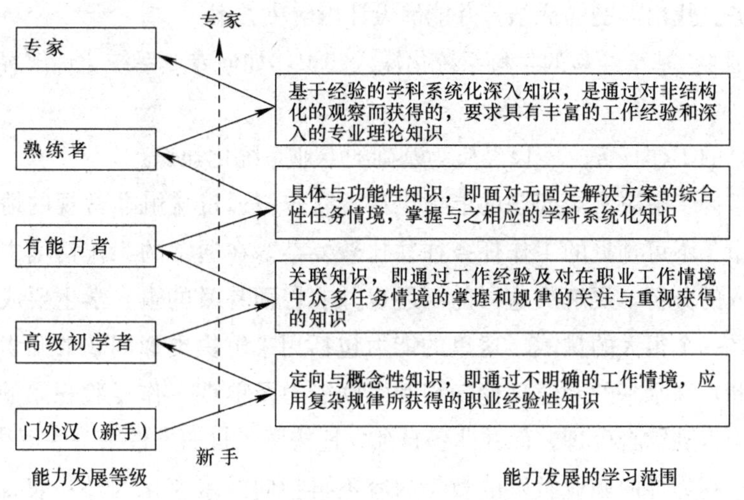

图 2—3　从新手到专家的四个学习范围

学习范围 1：定向与概念性知识，该职业的主要工作内容是什么。

职业导向的工作任务——定向和概念性知识：

定向和概念性的知识必须是跨职业的，并针对全部职业领域的基本工作导向内容。在学习之初，学生首先要对不同职业及其职业领域内的工作范围有一个定向性认识。为此，学生不仅要认识和理解本职业的地位、与其他职业在内容上的相互关联及职业领域内的工作范围，而且还要认识和理解劳动分工结构中的工作过程，如加工和生产、装配和安装、维修和保养等。通过收集和了解有关工作岗位的结构、重点和内容的信息来理解其他与职业紧密相关乃至跨职业的工作任务范围和日常活动内容。进行职业领域范围内的定向和概念性知识的教育是获取职业行为能力和设计能力所必需的。

学习范围 2：关联知识，事物的相关性是怎样的，为什么是这样的而不是那样的。

系统的工作任务——职业关联性知识：

职业关联性知识的关键内容是指在技术工作中的下列知识：与工作过程和技术过程紧密相关的企业流程；在企业内所使用的原材料、设备和仪器的特殊性能，如机械、能源、化学和信息技术方面的内部过程特征；通过必要的活动所能够引发的结果本质特征。

学习范围 3：具体与功能性知识，为什么具体的工作是这样的，它是怎样运作的。

伴有问题的特殊工作任务——具体知识和功能性知识：

学生在学习了职业定向和概念性知识及相关性知识，并掌握了完成系统工作任务的能力以后，就进入了第三个学习范围：解决伴有问题的特殊工作任务。为解决这样的问题，仅仅依靠已有的规则和解决方案是不够的。伴随的问题往往是那些不符合常规和标准的职业情境，用熟知的方案无法解决的问题。伴有问题的特殊工作任务往往都包含一些新的问题，以前的工作设想对于解决这些新问题都不适用。学生必须首先分析工作任务，找出问题的症结，并能够设计出解决方案。

学习范围 4：基于经验的学科系统化深入知识，如何专业系统化地解释事物和解决具体问题。

不可预见的工作任务——以经验为基础的专业系统化知识：

学生在掌握了解决常规问题的能力以后，就应该通过接触非常规的情境和问题来积累经验。由于不可预见的工作任务往往比较复杂。在通常的工作情境中一般不对其进行完整深入的分析，要解决这样的问题也并非轻而易举的事。学生要成为有能力的技术人员也是一个很大的挑战。这里的能力包括用来解决类似问题的知识，对问题发展的预先判断，高水平的专业理论知识和实践能力及前期工作经验积累的直觉。问题在具体情境中得到综合处理，而并非各自独立地按照各自的条件去一一解决。

以工作过程为导向职业教育的教学内容不再指向技术变化的外在表现，而是指向职业工作任务，把专业劳动作为一个整体来看待，而且专业劳动是以典型的工作任务和工作联系为导向的。

按照能力发展规律的要求，职业教育不仅要使学生掌握文化科学理论知识，更重要的是培养学生的实际操作技能和能力，即重在培养学生的职业实践能力。

贯彻实践性原则的基本要求如下：

1. 教学活动以培养学生的实践能力为目标

职业教育的教学要以实践能力为出发点和落脚点，符合能力发展规律。在教学设计上，要在系统、全面分析学生未来职业岗位需求的前提下，优先保证对学生实践能力的系统培养。

2. 加强教学实践活动

教学实践活动是加深学生对知识的理解，运用知识于实际和形成技能技巧的重要途径。职业教育教学实践活动既包括教学练习、见习、实习、参观等，也包括职业岗位实践活动、社会实践活动、科技试验活动等。在教学中，应根据教学内容的要求，组织学生参与各种教学实践活动，促进理论学习和知识运用的结合，使学生受到更多的实际锻炼，增加更多的直接经验。

3. 充分发挥实践教学场地的作用

不仅要充分发挥校内实践教学场地（如实习车间、实验室、演示室等）的作用，同时还要充分利用校外企事业单位的生产、营业和办公现场，对学生进行具有针对性的、与现实生产或工作相一致的培训，尽量让学生亲自动手实践，使学生不仅具备在模拟环境下的工作经验，同时具备一定的实际工作能力和工作经验。

三、情境性原则

情境性原则是指在教学中，通过构建案例化的学习情境，如活动的场景、事件、情节及氛围，并规定操作内容，进行角色设置，让学生参与、感受，引导学生形成事物的清晰表象，把理论知识、实践技能与实际应用环境结合在一起。可以说学习情境是学习计划的具体化。

职业教育机构人才培养的质量，最终要通过学生从事实际工作的职业能力来衡量。职业能力即综合运用知识解决职业岗位实际问题的能力。从心理学的角度看，能力是在一定实践活动情境中逐渐形成的。同样，职业能力也只有在相应的职业实践情境中才能养成。所以，职业教育教学过程要以该专业所对应的典型职业活动的工作情境为导向。这就要求职业教育教学应在真实或模拟的职业实践情境中展开。这样，既有利于学生对理论知识的理解和掌握，也有助于学生体验知识的系统性，还可切实提高其运用知识的能力和解决问题的能力。大量的实践表明，只有通过相应的职业情境，才能有效提高学生的职业能力。对职业教育而言，实施“订单培养”，就必然要求在真实或模拟的工作环境中开展职业教育教学活动，在学生独立自主尝试解决真实性问题的过程中，才能形成符合企业需要的职业能力和素质。

教学情境一般包括两种类型。

一是实际活动情境。实际活动情境可以是现实生活中真实的工作环境，也可以是运用现代教育技术创设的虚拟的、逼真的模拟情境等。创设实际的教学情境，把学生带入一定的情境之中使其产生一定的内心体验。因此，在教学中可采取参观、交流的方式，将学生带入真实的工作环境之中。

二是问题情境。职业教育机构结合专业课的特点所运用的案例教学，其本质就是创设问题情境。

贯彻情境性原则的基本要求如下。

1. 根据不同的教学目标、教学内容创设不同的情境

一个好的教学情境是为一定的教学目标服务的。教学目标可以从知识、技能、态度价值观三个维度划分。例如，若以激发学生学习动机、活跃学生思维为创设情境的目标时，可以根据学生感兴趣的生活热点创设问题情境，引发积极思维，或者是创设课堂游戏情境，如头脑风暴，引发创造性思维。若要考查学生运用知识的能力，可以创设操作、动手、表演等情境，还可以通过语言、音乐、图画等创设情境。只有根据教学目标的需要，创设最恰当、最合理的情境，才能发挥情境教学的优势与效用。

2. 激发学生的职业兴趣和职业情感

对职业教育机构的学生来说，其所面对的专业还是一个完全陌生的领域。因此，必须首先让学生找到自身和专业的“关系”，使学生由对职业的好奇转变为对职业的兴趣，为以后的学习打好基础。职业情境的创设缩短了学生与工作环境的距离。通过创设一个使学生置身于其中的具体情境，可以让学生迅速进入状态，了解工作环境、工作流程、岗位设置等，从而认识到自身和专业的“关系”，进而切身感受自己将要投身的领域及其重要性，培养职业的自豪感。对于职业学校的学生而言，如何在学习期间培养其对职业的情感，对将来所从事行业有自豪感、幸福感、成就感，如何在敬业的同时，培养学生爱业、乐业的精神，是学习成功至关重要的因素。创设真实的教学情境或引入真实的工作环境，既为学生提供了学有所用、亲自动手的实践机会，又可以使学生尽快适应职业角色，养成职业习惯，这种教学方式带给学生的感悟，有助于其职业情感的形成。

四、指导性原则

指导性原则是指职业培训师在教学过程中引导学生主动、自主地进行学习。同时，指导学生养成正确的学习方法和思考问题的方法，以提高其分析问题、解决问题的能力，从而帮助学生高效率地完成学习任务。

指导性原则是基于职业学校教学的相对独立性而提出的教学原则。职业教育机构的教学过程是学生在职业培训师的指导下相对独立地学习专业理论知识，独立地从事专业实践活动的过程。一方面，学生学习的独立性，随着其学习年限的增加和层次的提高而日益明显，其学习更加独立、更加自主、更加能动。另一方面，职业培训师主导作用的方式也会随着学生学习年限的增长而发生变化，具体知识传授的重要性和成分会逐步减少，而方法点拨和思想启迪与碰撞的重要性及成分会逐步增加。尤其对职业教育机构的学生而言，其专业操作技能的获得更多是在职业培训师指导下独立完成的。由于职业教育机构的实践教学具有较大的相对独立性，所以指导性原则就成为保证职业教育机构人才培养质量不可或缺的一个教学原则。

贯彻指导性原则的基本要求如下：

1. 入门指导

入门指导是职业培训师在每个课题（或单元）开始时，引导学生运用技术理论知识和讲解操作演示的过程，其中包括检查复习、讲解新课、示范操作、分配任务等。入门指导时，要求职业培训师做到以下几点：

（1）检查复习。其目的在于引导学生运用已学过的技术理论知识和生产操作技能，加强新旧知识的联系和迁移。

（2）讲授新课时，要目的明确、内容具体、方法得当、语言简练、重点突出、条理清楚。要对设备、材料、工具、图样、加工工艺、可能发生的故障、技术要点、文明生产、操作规程等讲解清楚。

（3）示范演示时要安排好学生的观看位置，使每个学生都能看到。边示范边讲解，使讲、做协调，特别要做到步骤清晰可辨，动作准确无误，操作方法规范。

（4）分配任务。要求学生对设备、工具、图样、电器安全进行全面检查。做好操作的准备。

2. 巡回指导

巡回指导是职业培训师对学生操作活动进行不断检查和随时指导的教学环节，也是学生形成技能技巧的重要环节。巡回指导的任务在于指导学生正确使用生产技术设备，纠正错误操作姿势，注意文明生产、安全操作方法，保证不断提高产品质量等。职业培训师巡回指导时要有目的、有计划、有准备，要将集体指导和个别指导相结合，技术理论和实际操作相结合。对操作技术掌握快的学生，要注意总结其经验，并及时鼓励和推广。

3. 结束指导

结束指导是实践教学的终结环节，是在实践教学结束时进行的全面总结。结束指导时要检查验收学生制作的产品或工作，评定学生成绩，全面总结学生操作训练情况，肯定成绩，指出不足，鼓励进取。最后，还要填写教学日志，并作为实践教学资料加以保存。

以上所述教学原则不是孤立存在的，而是相互联系、相辅相成的。它们共同构成了一个完整统一的职业教育教学原则体系。职业培训师对所有教学原则都必须熟练掌握和贯彻执行，既要从教学目的、教学任务出发，综合考虑，又要根据具体内容和学生实际有所侧重，这样才能更好地遵循教学规律，保证教学质量的提高。

第六节　教学活动

一般可将职业教育机构的教学活动划分为三个阶段：教学准备阶段、教学实施阶段和教学评价阶段。

一、教学准备阶段

教学准备阶段的主要任务是备课。备课就是职业培训师为教学所做的准备与计划安排工作，是职业培训师为确保学生的学习活动能高效顺利地进行，根据课程标准或教学大纲和学生实际，选定教学内容，选择适当的教学方法等一系列的课前准备工作。备课是职业培训师自我学习与教学研究的环节，是有效开展教学活动的基本保证。职业培训师备课的充分程度对于加强教学的计划性、针对性和实效性，减少教学的盲目性，充分发挥职业培训师的指导作用有很大的益处。

1. 备课的种类

（1）个人备课和集体备课。这是根据备课主体的不同而划分的备课种类。个人备课是指每个任课职业培训师独自进行的备课工作，这是一种最普遍、最基本的备课方式。其优点是不受时间限制、灵活方便，有利于调动职业培训师的主观能动性。

集体备课是指几位职业培训师集中在一起进行的备课工作。一般每学期进行若干次集体备课，通常以职业教育机构中的教研组（或教研室）为单位。其优点是有利于职业培训师之间相互交流和集思广益，也便于统一教学要求。

（2）学期备课、单元备课和课时备课。这是根据备课时间的不同而划分的备课种类。

1）学期（或学年）备课是指对某门课程的整个学期的教学活动做准备。学期备课一般要做好以下三项工作：

①通盘考虑教学目标、教学内容和教学方式。重点考虑各章节或各单元应怎样组织学习与怎样施教效果才最佳。

②研究教学资源及其配置。确定各课题教学所需的学具、教具和各种资源与资料。

③了解和把握教学计划、学校工作计划、学校的学年教学日历，以便根据这些文件安排教学进度。

2）单元备课是指对某门课程一个单元的教学活动做好准备和进行设计。它是在学期备课的基础上，以教材内容的单元结构为依据来计划和安排教学工作。

单元备课一般要做好以下三项工作：

①确定每个单元的教学目标和要求。

②分析单元内容、性质和特点，明确教学重点、难点和关键点。

③合理安排单元内容的教学时间，选择基本教学方法。

3）课时备课。是指对一节课的教学活动做好准备和进行设计。它是在学期备课和单元备课的基础上进行的，要求做好以下三项工作：

①以该课的教学主题为依据，深入把握教学内容，详细弄清学生的学习准备情况。

②进行具体的教学设计。包括教学目标设计、教学过程设计、教学方法设计、教学媒体设计、提问设计、板书设计、作业设计和教学语言设计等。

③编制教案。

2. 备课的内容

(1) 研读教学材料。教学材料主要包括课程计划、课程标准（教学大纲）、教科书和教学参考资料。研读教学材料主要包括以下几个方面：

一是研究课程计划、课程标准（教学大纲），领会课程的基本理念和总目标，理解本专业或本课程的教育目标及各单元与课题的具体目标，把握教学的基本要求及教学内容与教学材料的体系范围与深度。

二是研究教科书。熟悉掌握课本的基本原理与知识体系，准确把握各章节或各单元、各课的重点、难点及课本的前后联系。

三是广泛阅读教学参考资料，选取合适的材料以充实教学内容。

此外，还要考虑进行改革创新，在条件成熟的情况下，编写有特色的补充教学材料。

(2) 熟悉生产（或工作）过程。这是职业培训师备课时必须要做的一项工作。了解本专业所对应的相关职业（职业领域）或岗位（岗位群）的生产环节、工艺流程、技术要求、操作技能、岗位职责及机器、设备的构造、性能、维修等，以提升教学的有效性。

(3) 了解学生。学生认知的准备状态是教学的起点。为使教学能够促进学生的充分发展，教学活动应切合学生的实际。因此，职业培训师要全面了解学生的知识基础、认知能力、技能水平、学习态度、思想特点和个性特征。在此基础上，对学生的学习准备性进行分类，了解不同类别学生的起点与教学目标的差距，以使教学过程符合学生实际认知能力和动手操作能力，增强教学的预见性与针对性。

(4) 设计教学方式。根据教学目标、教学内容及学生的情况设计教学方式。包括设计具有内在关联的教学方法、教学手段、教学程序及教学策略等。

设计教学方式首先要确定基本的教学方式。如“授受模式”“合作学习”“活动学习”“探究学习”等，再结合教学内容，分别设计学生的学习方式、职业培训师的教授方式和师生互动方式，然后进行具体的教学设计，包括教学活动进程设计、教学具体深入的教学准备。编写教案是教学准备阶段的最后一个环节，它是建立在钻研教学材料，了解学生，设计环境与教学媒体等基础上的。

(5) 编制教案。教案是备课的最终成果，是在每堂课的教学方式基础之上，按照教案的基本结构进行精心设计，并用规范的结构和简练的语言表达出来，形成书面形式的教案。编制教案的过程，是职业培训师对自己组织的每一节课教学活动的时空结构进行规范和优化的过程。从形式上划分，教案可分为条目式教案和表格式教案；从篇幅上划分，教案可分为详细教案和简要教案。

3. 说课

说课是职业培训师教学设计的口头表述，是职业培训师就教学单元（或教学课题）

的教学目标、教学思路、教学程序、教学方法、教学手段、教学实施方案、教学理论与教学实践的有机结合等方面进行口头陈述，通常作为教研交流或对职业培训师进行培养和培训组织形式，以供同行交流、评议，从而改进教学策略，提高教学质量的一种教研活动形式。就说课的内涵而言，它也属于备课的范畴。说课的内容主要包括以下五个方面。

（1）阐述教学目标。教学目标是教学活动的出发点，也是教学活动的归宿。因此，职业培训师在说课时必须把教学目标讲解清楚。唯有如此，他人才能有针对性地提出意见或建议，真正达到改进教学以提高教学效果的目的。

（2）阐述教学内容。教学内容是实现教学目标的载体。在说课时，应该简单阐述主要教学内容，另外还要说明本节教学内容在整个学科体系中的地位，明确教学的重点和难点。

（3）阐述教学程序。教学程序是职业培训师教学思路的再现，职业培训师可以通过陈述教学程序来说明自己的教学思路。可以通过以下三个方面予以说明：一是课堂教学结构及教学环节的设计安排；二是教学演示及多媒体等教学手段的运用；三是操作规范的解说。

（4）阐述教法。职业培训师在陈述教学方法时应注意三点：一是说明授课中采取的教学方法及相应的教育理论依据；二是阐明突出教学重点、突破难点的途径和措施；三是说明教学方法中蕴含的现代教育理论和教育思想。

（5）阐述学法。主要包括两个方面：一是职业培训师如何以学生为主体来设计教学；二是如何对学生进行学习方法指导。

二、教学实施阶段

1. 讲课

讲课是教学（尤其是理论教学）过程中的中心环节，是职业培训师运用口头语言系统地向学生讲解理论知识的活动。这也是教学活动的基本形式。

讲课的基本要求是目标明确、内容正确、重点突出、方法得当、组织有序。

其中，职业培训师的语言是提高讲课效率的必要条件。清晰、准确、简练、生动且富有启发性、条理性的语言，有利于集中和保持学生的注意力，这也是促进学生不断提升学习兴趣的动因之一。

2. 作业

作业是课堂教学的延续、拓展和深化。其目的在于巩固、消化和运用所学知识。作业的方式主要有以下四种：

一是阅读与思考作业，包括为预习或复习而阅读教材，为扩大知识领域和加深对教材的理解阅读参考书与思考有关问题。

二是口头与书面作业。包括背诵、复述、作文、演算习题、绘制图表等。

三是实验与操作作业。包括测绘、计算和制作等。

四是调研与社会实践作业。包括参观、访问、锻炼等。

作业的基本要求是符合教学大纲、目的明确、形式多样、分量适当。从学生实际出发，讲评适时，追求批改艺术，鼓励作业创新。

3. 实验

实验是指为检验某种假设或理论，运用一定的仪器设备和材料，在控制某些条件的情况下，通过观察事物及其发生变化过程，获取知识、巩固知识和培养学生实际操作能力的教学环节，是实践性教学的重要组成部分。其目的在于帮助学生形成概念，理解、验证和巩固有关理论知识，促进知识向技能的迁移。

通过实验，一方面满足理论教学的需要；另一方面培养学生的观察能力、操作能力、设计能力、分析和解决问题的能力等。根据实验的目的，一般将实验分为以下三种。

（1）验证性实验。根据已有的理论知识，预先拟订好实验程序，让学生按照实验指导书中提示的仪器、设备、材料及操作步骤，完成实验过程。按照规定的观察、测定方法，记录实验结果，得出实验结论。

验证性实验费时少，节约实验材料，成功率高，一般在低年级学生中进行。对养成学生基本的实验能力具有重要意义。但验证性实验缺乏挑战性，不利于学生探索精神的养成。

（2）探索性实验。通过实验过程对未知事物或已知事物的未知性质进行观察、测试和研究，借以发现新现象，得出新的实验结果。探索性实验，易于调动学生的学习积极性，学生可以充分发挥想象力，提高学生综合运用知识的能力。但探索性实验得出确切的、理想的结论的概率较小，容易给学生造成挫败感，占用时间和消耗材料较多。

（3）设计性实验。设计性实验是以制成某种产品或形成某种工艺路线为目标，运用已有的知识和经验进行结构或程序设计，综合应用多种实验手段，尝试达到预定目标的实验方法。

这种实验综合性较强，难度较大，对培养学生解决实际问题的能力有很大益处，对师生业务素质的要求较高。实验教学的基本要求是目的明确、准备充分、过程科学、指导得当。

4. 实习

实习是学生在职业培训师或工程技术人员的组织指导下，参与一定的实际工作或生产操作，借以掌握相关技术、技能或综合运用知识于实践的教学活动。实习是专业知识与生产（工作）实际相结合的教学形式，是职业教育机构教学活动中主要的实践环节。实习有利于学生获得直接知识、验证间接知识，使其能运用书本知识解决具体问题，同时也能有效培养学生独立操作的意识和能力，将知识转化为技能，形成一定的实际工作能力。对于职业教育而言，实习是培养技术型、技能型人才的重要手段。

根据实习目的、要求和工作范围的不同，大致可以将实习分为以下五种。

(1) 认识实习。认识实习也称见习，一般安排在低年级，通过到生产现场进行参观，使学生对将来的工作环境、工作流程和学习内容有所了解，以获得感性知识，扩大学生的知识视野，促进理论联系实际。

(2) 教学实习。教学实习是紧密结合专业课程以教学为主的实践性教学。通过教学实习使学生得到操作技术的基本训练，获得生产（工作）的感性认识，掌握一定的生产操作技能，同时接受劳动纪律、安全卫生、环境资源保护方面的教育。

(3) 生产实习。生产实习是学生直接参与生产实习过程的实践性教学。学生到专业对口的生产现场，以现职人员的身份进行实习，使学生得到实际工作的锻炼，熟悉工艺要求和生产操作过程，掌握直接迅速顶岗的操作技能，并逐步形成良好的职业道德规范和职业行为习惯。

(4) 毕业实习。毕业实习是在学生毕业前对其知识、技能进行全面检查的综合实际的锻炼。主要是培养学生独立运用所学专业知识和操作技能，解决生产实际问题和组织生产的独立工作能力。实习的具体要求是明确实习目的，编制实习计划，确定实习方式，搞好讲解示范，加强巡回指导，讲评实习结果，注意生产安全。

(5) 顶岗实习。顶岗实习是职业教育机构安排学生实习的一种方式。不同于普通实习实训，顶岗实习需要履行其岗位的全部职责。顶岗实习一般安排在学生于机构学习的最后阶段，学生只有在校经过一个理论知识准备的阶段之后，顶岗实习才会有意义。为了安排集体顶岗实习而压缩必要的课程，必然会影响学生的前期知识储备。学生不仅不能很快适应实习岗位，在一些机械操作性的岗位上，还可能因为缺乏相应理论和知识，危及人身安全。而企业在接收这样的学生实习时，也必须投入更多资源，不但会提高成本，甚至自身的生产也会被拖累。企业当然不愿意接收这样的实习生。

职业教育机构在组织学生顶岗实习时，应严格按照专业对口的原则。如果机构仅仅将学生视为廉价劳动力，甚至以此作为激发企业提供岗位的动力，就不仅与其制定的人才培养目标相背离，而且这样的“校企合作”也是不可能持续的。将顶岗实习转化为简单劳动，不但不能达到教学设计的目的，还会使学生对实习失去兴趣，从而影响其对本职业的正确认知。

5. 实训

实训就是在教学中为培养和提高学生的实践动手能力和职业专项技能而安排的实践环节。实训形式有校内实训和校外实训。校内实训主要是依托一些专业实训室和校内其他实践场所，通过理实一体、教学结合、实操为主的训练达到验证理论所学、训

练实践技能的教学目的。校内实训有实景式、仿真式、模拟式等多种训练方式。实训室相当于实习车间，但其设备、设施要既能满足教学训练的要求，又能体现企业生产状态。校内实训的教学活动基本上是在这里进行的，而不是演示点缀。实训环节一般安排在课程结束后，每学习完一门课程安排与课程相关的实训；也可以相关几门课程结束后集中安排专门的专项技能训练。校外实训一般是在企业实习的过程中完成的，通过校企合作来达到校外实习和技能鉴定的目的，因而在组织教学实习的过程中要安排一定时间的实践操作训练。

6. 设计

设计是提高学生全面素质和综合职业能力的主要实践性教学环节，分为课程设计和毕业设计。

（1）课程设计。课程设计是在职业培训师指导下，运用某一门或几门课程的知识解决一些具有一定综合性问题的筹划过程，也是进行某一方面或某一部件的技术基础能力的训练。其主要任务是使学生学会运用有关课程的理论和技术解决本专业的实际问题，并提高计算、制图和理解技术资料的能力。

课程设计是工科类专业的技术基础课和某些专业课教学过程中的重要环节，是理论联系实际的重要方式，也是培养学生实践能力的重要途径。

（2）毕业设计。毕业设计是使学生综合运用所学各学科的知识和技能，按照培养目标的要求进行的全面、系统、严格的专业技术综合能力的训练，并创造性地完成符合生产实际要求的设计任务。

毕业设计具有综合性、实践性、独立性、探索性等特点。所以，毕业设计在运用知识和技能方面，在广度和深度上都比课程设计有更高的要求。毕业设计是工科类专业及其他需要培养设计能力专业的学生在校教学过程中的最后一个应用性环节，也是应届毕业生在离校前的综合性独立作业。

三、教学评价阶段

教学评价是对教与学相统一的教学活动收集事实信息并进行价值判断的过程。教学评价一般包括对教学过程中职业培训师、学生、教学内容、教学方法、教学环境、教学管理等诸因素的全面评价。但主要是对学生学习状况和职业培训师教学质量的评价。

1. 学生学习评价与评估

评价和评估是两个既有区别又相互关联的概念。评估侧重的是在某个学科领域中，运用笔试、成长档案或者实验操作对学生的技能或知识进行量化处理，以描述学生的学习与发展现状和水平。而评价侧重的却是对学生某个方面的发展进行价值判断，以衡量学生是否达到某种标准。

学生学习评价与评估是指在科学、全面地收集、整理和分析学生信息的基础上，评定学生个体学习与发展的质量。学生学习评价与评估不仅关注学生最终的学业成就，还注重通过评价与评估促进学生的发展与成长。职业学校学生学习评价与评估主要包括对学业成就和实践能力两方面的考核。

（1）学业成就的评价与评估。学业成就的评价与评估是对学生个体学业进展及行为变化的评定，是对教学效果的检测。学业成就评价主要体现在各类考试与测验结果上，根据评价的功能性质，一般可以分为三种类型。

1）诊断性评价。是在教学活动开始之前，对学生以往的学习结果、现时的需要或准备状态的一种评价，查明继续学习新内容的基础和准备，其目的在于使教学活动的安排具有针对性。

2）形成性评价。也称过程评价，旨在了解学生学习一个课题、一个单元的结果，作为改进后续教学和学习的参考。

3）终结性评价。在课程教学活动完成之后进行，旨在了解学生学期、学年结束和毕业时的学习结果并给予最终的评定。

（2）实践能力评价与评估。实践能力是职业教育机构学生学习评价的核心内容，也是衡量教学目标实现的最主要指标。实践能力的评价与评估主要考核学生在职业技能与职业能力方面的掌握程度和在实践中的工作态度，并适当考核其在实践活动中所应掌握的基本知识。实践能力的评价情况比较复杂，其评价的方式方法、评价的指标体系因专业的不同而各异。

实习成绩考核分为平时考核、定期考核（指期末考核）和毕业考试。操作考核是评定学生实习或实验成绩的主要方法。职业培训师提出符合教学要求的作业课题，由每个学生独立操作完成，然后按照评估目标考核操作成果的质量（在实践考核中占最大的权重），完成操作的时间（即熟练程度），操作程序、姿势是否正确，以及工作态度是否良好等，根据操作过程及完成情况予以评分。毕业考试要全面检查学生掌握专业知识和操作技术的水平，要以各工种技术等级的应知应会标准进行考核。如果进行毕业统考或技术等级考试，应在上级部门指导下统一进行。

2. 职业培训师教学评价

职业培训师教学评价主要包括职业培训师教学过程评价和教学绩效考核。

（1）教学过程评价主要考查评价职业培训师钻研和使用教学材料的活动、职业培训师运用相关教学方法、教学手段的活动。具体说就是从教学活动的各个环节入手予以评价，如备课、上课、作业等环节。

（2）教学绩效考核主要是通过考查学生学习习惯与方法、学业成绩及能力发展情况来进行。

第4章

教学实务

第一节 教学设计

教学设计被称为“桥梁学科”，起到了沟通教学理论与教学实践的作用。教学设计是以获得优化的教学效果为目的，以学习理论、教学理论及传播理论为理论基础，运用系统方法分析教学问题，确定教学目标，建立解决教学问题的策略方案、试行解决方案、评价试行结果和修改方案的过程。通俗地讲，教学设计是解决教学中学生为什么学，职业培训师教什么及教到什么程度，怎样教，什么时候、在哪里、用什么教，学生如何学，教与学的效果如何的问题。

为什么学：以此入手，确定学生的学习需要和教学的目的。

职业培训师教什么及教到什么程度：确定通过哪些具体的教学内容和教学目标才能达到教学目的。

怎样教：确定教学策略、方法和教学组织方式。

什么时候、在哪里、用什么教：确定教学的时间顺序、教学媒体。

学生如何学：要实现具体的教学目标，使学生掌握需要的教学内容，应采用什么策略。

教与学的效果如何：要对教学的效果进行全面评价，根据评价的结果对以上各环节进行修改，以确保促进学生的学习，获得成功的教学。

一、教学设计与学习理论

每一种教育的教学设计都离不开学习理论。同样职业教育的教学设计也离不开学习理论，按教学设计的理论基础和实施方法分类，将教学设计过程模式归属于三大类：以教为主的模式；以学为主的模式；“职业培训师为主导、学生为主体”的模式。

以教为主的传统教学设计中，职业培训师更关注的是如何将教材规定的知识“教”给学生，因为教案中的教学方法更多的是职业培训师单方面构思出的“教”的方法，而忽略学生“学”的方法，它体现了以职业培训师为中心的教学理念。

以学为主的教学设计以建构主义学习理论为基础，设计的焦点在“学”上，着重从“学”的角度出发，进行教学设计。在教学设计活动中更多地注意“学”的方面，强调以学生为中心；强调“情境”对意义建构的重要作用；强调“合作学习”对意义建构的关键作用；强调对学习环境（而非教学环境）的设计；强调利用各种信息资源来支持“学”（而非支持“教”）；强调学习过程的最终目的是完成意义建构（而非完成教学目标）。以学为主的教学设计旨在为学生创设丰富的教学情境，培养学生的学习兴趣，激发学生的学习动机，同时要设计出学生易于理解并能调动学生积极主动参与的教学方式，将学生的被动学习方式转变为主动学习方式。

在不同的时期，学习理论对教学设计的发展做出了不同的贡献。没有一种学习理论指导的教学设计是最好的教学设计，只能说没有最好的教学设计，只有更好的教学设计。教学设计今天成为一个比较成熟的学科，它包括学习理论、系统理论、教学理论、混沌理论等多种理论。在这其中，学习理论对教学设计的发展做出的贡献是最大的。

学习理论种类繁多，教学设计要吸收学习理论的精华，拿来为己所用，才能更好地促使教学设计向更成熟的方向发展。每一种学习理论指导的教学设计既有优势，也有缺点，并且都有一定的适用范围。学习理论是促使教学设计发展的条件，但不是充分条件。教学设计必须及时积极地吸收学习理论的精华，有鉴别地选择学习理论，才可以创建出更好的教学设计，促进学习者个体的发展。

二、教学设计过程的一般模式

关于教学设计过程，目前有许多不同类型的理论模式。但是，可以从各种理论模式中抽取出一些基本组成部分，如学习需要分析、学习内容分析、学习目标的阐明、学习者分析、教学策略的制定、教学媒体的选择和利用及教学设计成果的评价。这七个基本组成部分可以构成教学设计过程的一般模式，见表 4—1。从这七个基本组成部分中还可以进一步抽取出以下四个最基本的环节（或要素）：分析教学对象、制定教学目标、选择教学策略、开展教学评价。各种完整的教学设计过程都是在这四个基本要素（学习者、目标、策略、评价）的相互联系和相互制约所形成的构架上建立的。

表 4—1　　教学设计过程模式的基本组成部分

序号	模式的共同特征要素	模式中出现的用词
1	学习需要分析	问题分析，确定问题，分析、确定目的
2	学习内容分析	内容的详细说明，教学分析，任务分析
3	学习目标的阐明	目标的详细说明，陈述目标，确定目标，缩写行为目标
4	学习者分析	教学对象分析、预测，学习者评定
5	教学策略的制定	安排教学活动，说明方法，策略的确定
6	教学媒体的选择和利用	教学资源选择，媒体决策，教学材料开发
7	教学设计成果的评价	实验原形，分析结果，形成评价，总结性评价，行为评价，反馈分析

教学设计过程的一般模式描述了教学设计的基本过程。这个过程可以分为四个阶段，即前端分析阶段、学习目标的阐明与目标测试题的编制阶段、教学策略的制定阶段和教学设计成果的评价阶段。

1. 教学设计的前端分析

前端分析是美国学者哈利斯在 1968 年提出的一个概念，指的是在教学设计过程开始的时候，先分析若干直接影响教学设计但又不属于具体设计事项的问题，主要指学习需要分析、教学内容分析和学习者特征分析。现在前端分析已成为教学设计的一个重要组成部分。

学习需要分析就是通过内部参照分析或外部参照分析等方法，找出学习者的现状和期望之间的差距，确定需要解决的问题是什么，并确定问题的性质，形成教学设计项目的总目标，为教学设计的其他步骤打好基础。

教学内容分析就是在确定好总的教学目标的前提下，借助归类分析法、图解分析法、层级分析法、信息加工分析法等方法，分析学习者要实现总的教学目标，需要掌握哪些知识、技能或形成什么态度。通过对学习内容的分析，可以确定出学习者所需学习的内容的范围和深度，并能确定内容各组成部分之间的关系，为以后教学顺序的安排奠定好基础。

教学设计的一切活动都是为了促进学习者的学习，因此，要获得成功的教学设计，就需要对学习者进行很好的分析，以学习者的特征为教学设计的出发点。学习者的特征是指影响学习过程有效性的学习者的经验背景。学习者特征分析就是要了解学习者的一般特征、学习风格，分析学习者学习教学内容之前所具有的初始能力，并确定教学的起点。其中学习者的一般特征分析就是要了解那些会对学习者学习有关内容产生影响的心理的和社会的特点，主要侧重于对学习者整体情况的分析。学习风格分析主要侧重于了解学习者之间的一些个体差异，要了解不同学习者在信息接收加工方面的不同方式；了解他们对学习环境和条件的不同要求；了解他们在认知方式方面的差异；了解他们的焦虑水平等某些个性意识倾向性差异；了解他们的生理类型的差异等。

2．学习目标的阐明与目标测试题的编制阶段

通过前端分析确定了总的教学目标，确定了教学的起点，并确定了教学内容的广度和深度及内容间的内在联系，这就基本确定了教与学的内容框架。在此基础上需要明确学习者在学习过程中应达到的学习结果或标准。这就需要阐明具体的学习目标，并编制相应的测试题。学习目标的阐明就是要以总的教学目标为指导，以学习者的具体情况和教学内容的体系结构为基础，按一定的目标编写原则，如加涅、布鲁姆等的分类学，把对学习者的要求转化为一系列的学习目标，并使这些目标形成相应的目标体系，为教学策略的制定和教学评价的开展提供依据。同时要编写相应的测试题以便将来对学习者的学习情况进行评价。

3．教学策略的制定阶段

教学策略的制定就是根据特定的教学目标、教学内容、教学对象及当地的条件等，合理地选择相应的教学顺序、教学方法、教学组织形式及相应的媒体。教学顺序的确定就是要确定教学内容各组成部分之间的先后顺序；教学方法的选择就是要通过讲授法、演示法、讨论法、练习法、实验法、示范模仿法等不同方法的选择，来激发并维持学习者的注意和兴趣，传递教学内容；教学组织形式主要有集体授课、小组讨论和个别化自学三种形式，各种形式各有所长，须根据具体情况进行相应的选择；各种教学媒体具有各自的特点，须从教学目标、教学内容、教学对象、媒体特性及实际条件等方面，运用一定的媒体选择模型进行适当的选择。教学策略的制定是根据具体的目标、内容、对象等来确定的，要具体问题具体分析，不存在能适用于所有目标、内容、对象的教学策略。

4. 教学设计成果的评价阶段

经过前三个阶段的工作，就形成了相应的教学方案和媒体教学材料，然后实施。最后要确定教学和学习是否合格，即进行教学评价。包括：确定判断质量的标准；收集有关信息；使用标准来决定质量。具体在教学设计成果的评价阶段，就是要依据前面确定的教学目标，运用形成性评价和总结性评价等方法，分析学习者对预期学习目标的完成情况，对教学方案和教学材料的修改和完善提出建议，并以此为基础对教学设计各个环节的工作进行相应的修改。评价是教学设计的一个重要组成部分。

教学设计的四个阶段之间是相互联系、相互作用、密不可分的。这里应强调说明的是，人为地把教学设计过程分成诸多要素，是为了更加深入地了解和分析，并发展和掌握整个教学设计过程的技术。因此，在实际设计工作中，要从教学系统的整体功能出发，保证“学习者、目标、策略、评价”四要素的一致性，使各要素间相辅相成，产生整体效应。

另外，还要清醒地认识到所设计的教学系统是开放的，教学过程是个动态过程，涉及的如环境、学习者、职业培训师、信息、媒体等各个要素也都是处于变化之中的，因此教学设计工作具有灵活性的特点。应在学习借鉴别人模式的同时，充分掌握教学设计过程的要素，根据不同的情况要求，决定设计从什么地方着手、重点解决哪些环节的问题，创造性地开发自己的模式，因地制宜地开展教学设计工作。

第二节　教学形式

一、教学形式的含义

教学形式，是指为完成特定教学任务，师生按一定要求组织的活动结构，是师生之间的相互关系和合作形式。即根据教学的主观和客观条件，从时间、空间、人员组合等方面考虑安排的教学活动的方式。职业学校的教学组织是由其教学目标、课程性质、教学过程、教学方法等方面的特点所决定的。

在职业技术教育中，常见的教学形式有课堂教学、现场教学和分层教学，如图4—1所示。

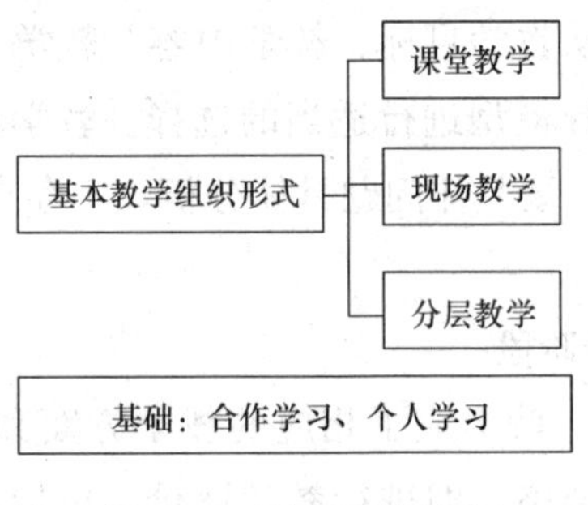

图 4—1　教学组织形式

二、常见的教学形式

1. 课堂教学

课堂教学是与班级授课制对应的传统而典型的学习环境，也是职业教育教学的基本组织形式。课堂教学是指把一定数量的学生，按年龄、专业、文化程度组成教学班，以班为单位，由职业培训师根据教学计划规定的内容和教学时数，实行集体教学，系统传授理论知识的教学组织。课堂教学是理论教学最基本的教学组织形式。

课堂教学的特点如下：

（1）以知识传授为本位。课堂教学以知识传授为本位。通常围绕课堂、职业培训师和教材展开教学活动。旨在使学生在较短的时间内掌握系统、大量的理论知识。长期以来，课堂教学是职业教育机构的主要教学组织形式，经由课堂教学可以使学生获得较为扎实的文化知识和专业理论知识，保证学习的系统、正确和深度。

课堂教学强调知识系统的学习，容易造成理论与实际脱节。另外，课堂教学主要是分科教学，不利于培养学生对知识的综合运用能力。

（2）职业培训师起主导作用。课堂教学在教学内容、教学时数等方面都有明确规定，职业培训师按照教学大纲和教材的规定，有组织地开展教学，使教学活动能有目的、有计划、有系统地进行，以确保全班学生都自始至终在职业培训师的有效指导下完成学习任务，为此，在课堂教学中，职业培训师决定着教学活动的各个环节，起着主导作用。

课堂教学强调教学过程的标准、同步和统一，难以完全适应学生的个别差异，不利于因材施教。同时，面对学生集体统一授课，职业培训师往往只注重自身的影响，容易造成职业培训师过多控制课堂时间，不易发挥每个学生的主体作用，课堂教学的内容、时间和过程的固定化、程式化，使教学活动缺乏灵活性和新颖性，妨碍了学生生动活泼、积极主动的学习。

2. **分层教学**

（1）分层教学的含义。分层教学是指针对学生知识、能力结构、学习需求、兴趣、特长等的不同，按群体制定不同的教学目标，选择不同的教学内容，采用不同的教学方法，从而让不同层次的学生都得到充分发展的一种教学组织。分层教学属于课堂教学的变式。

（2）分层教学的两种取向。一是根据学生群体在学习上存在的个别差异，有意识地将其区分成若干类别或层次，进行有针对性的教学活动。

二是根据学生的个体差异，将教学内容按照学生的认知规律，分解成若干个知识点、难易程度不同的层次，将属于同一水平的知识划分归为一个层次，相邻层次设定足够的跨度，从而在教学过程中针对不同的学生群体，采用不同的教学方法。从分层教学的目标看，可以分为升学班、技能班和特长班等，从分层教学的组织形式看，有班内隐性分层和“走班制”等。“走班制”是将某一教学科目按照不同的教学目标，从高到低，设置若干不同层次的教学班，上课时打破学生原所在班级界限，走班上课。

（3）分层教学的要求

1）合理分层编班。科学、合理地分层编班是保证分层教学成功的前提。分层主要侧重于按照学生知识、能力和学习需求进行分层，给学生提供不同的教育机会，使学生得到最佳的发展。结合学生现时的学业成绩，参考学生毕业后的志愿，认真做好指导工作。使学生对自己的知识、能力水平、发展方向有一个正确的估计，找到适合自己的位置，满足个人发展的需要。让学生在适合自己的层面上学习。为此，在实施分层编班时要坚持主体性原则和自愿性原则。

2）制定切实可行的教学目标。教学目标是开展教学活动的轴心，切实可行的教学目标是实施分层教学的关键。要根据不同学力、不同能力倾向学生的现状确定相应层次的教学目标。对于学习成绩优秀的学生，着重培养其自学能力、探究精神，让其学会主动学习，提高其知识水平。对于学习成绩偏差的学生，力争使其掌握基本的学习方法和思维习惯，培养学习兴趣，树立学习信心，重点培养和强化学生的专业操作技能，保证学生毕业时有较强的职业技能而能顺利就业。

3）实施动态的教学过程管理。实施分层教学，职业培训师要时刻关注学生学业成绩的动态变化，及时调整学生所处班级的类别和层次，引入竞争机制，增强学生学习的竞争力，进一步促进和提高学生学习的积极性。为此，各层次要实行动态管理，定期召开职业培训师、班主任、学生座谈会，及时了解职业培训师教学、学生学习情况。原则上一学期调整一次，根据学生的发展变化，可提升或降低层次，保证学生在一个适合自己的层面上学习。

4）选取适宜的教学内容与方法。实施分层教学，一方面，教学内容要切合学生的基础情况，内容的递进速度要适应学生的学习能力，内容的难易程度要满足学生理解、接受和掌握水平的要求，所以教学内容的选取要充分考虑学生的实际情况。另一方面，职业培训师要依照不同层次学生的实际情况，探索适合的教学方法，真正实现因材施教，使各层学生各得所需。

在教学中，应找准每层学生学习的“最近发展区”，进行分层指导。例如，对高层学生可多启发、拓展和加深，重综合能力的培养，对基础层学生，可多鼓励、引导，循序渐进，注重学习自信心和学习兴趣的培养。对中层大多数学生来说，强调对知识的巩固提高，从而使各层学生各有所获和全面发展。

5）建立评价机制。根据对不同层次学生的不同教学要求，建立适应不同层次学生的评价标准，以激发学生的学习自信心。高层学生在掌握基础知识的同时，可适当增加对知识的综合应用能力的考核内容，引导学生对知识的拓宽和加深，基础层学生在要求掌握基础知识及简单应用的同时，加大相应课程实际操作技能在总评成绩中所占的比例，引导学生注重掌握实践操作技能。还可在考核题中增加附加题，使同类班级中的高层次学生脱颖而出。

3. 现场教学

（1）现场教学的含义。现场教学是组织学生到生产现场或社会生活现场进行教学的一种组织形式。这种教学组织形式能把书本知识中描述的现象的发生、发展及运动变化的本来面目呈现给学生，使学生在“活生生”的情境中学习。现场教学是课堂教学的补充、继续和发展。在教学的时间、形式等方面，现场教学不像课堂教学那么固定，通常是根据教学任务、教材性质、学生实际情况和现场具体条件等而定。

通过现场观察、调查或实际操作，丰富学生的感性认识，促进学生对书本知识的进一步理解和掌握，培养学生将知识运用于实践的能力。

职业教育机构的现场教学是指将成体系的教学内容分解为独立的、明确的知识和能力目标，并把这些目标融于具体的训练项目中，通过职业培训师现场示范，学生独立操作训练的一种教学组织形式。对于职业教育机构而言，现场教学是主要的实践教学形式。

（2）现场教学的特点

1）现场教学以能力为本位。现场教学以培养学生掌握基本知识、习得专业技能为主要目标，适合于培养学生的动手能力。换言之，现场教学过程实际上就是在一定的环境下，师生进行知识、技能和情感的交流，通过这些交流，学生习得知识、技能，形成一定的职业实践能力和良好的职业道德。同时，现场教学也有助于培养学生的观察力、注意力、思维能力和想象力。

2）以学生自主训练为主。现场教学通过职业培训师指导下的学生训练活动，突破了传统的“以教师讲授为主”的课堂基本教学组织形式，转向以学生自主训练为主，将练习和评价矫正贯穿于教学过程的每一个环节，真正把学生放在主体的位置，形成了“职业培训师为主导、学生为主体、训练为主线”的职业教育机构实践教学组织形式，使学生在训练的过程中掌握与训练内容有关的基本知识和操作技能。

（3）现场教学的程序

1）定向阶段。即职业培训师在示范前的准备工作，职业培训师向学生阐明所要掌握的基本知识和行为技能要求，说明操作原理和程序，提出明确的学习任务。定向的目的就是让学生一开始就带着明确的目的、任务去学习模仿。

2）参与性练习阶段。在模拟或仿真的现场训练环境中，职业培训师边讲解、示范边指导。学生进行模仿性练习。职业培训师的示范要科学规范，无论是智能技能还是动手操作技能，都要有科学的程序。同时，职业培训师在示范时，要讲清与训练项目或技能操作有关的知识点，抓住要点进行动作分解，提出分解动作的操作要领。学生通过观察、理解新传授的知识、技能的操作程序和要点，及时进行模仿练习。这种练习可以根据动作步骤分若干次进行，职业培训师在学生的练习过程中可及时提出有针对性的问题。这些问题应包含知识性和技能性。职业培训师通过获取的反馈信息，及时矫正学生知识上的偏差和操作上的错误，进行正确知识的传授，以及动作、行为的强化训练。

3）自主性练习阶段。即学生独立操作阶段。当学生已基本掌握必备的知识和动作的操作要领，能独立做出整套动作时，就可以大胆让学生进行自主练习，将模仿来的知识和技能内化为学生的操作能力，独立完成操作过程，熟练掌握知识和技能，在更高的层次上，学生可以在模仿的基础上，根据自己的知识结构和行为能力结构，进行创造性练习。

（4）现场教学的要求

1）目标明确。要根据教学内容的特点确定现场教学目标，选择适当的课题和教学现场。对于职业培训师而言，现场教学要解决什么问题，预期效果如何，必须做到心中有数，并让学生了解。

2）做好现场教学的准备工作。职业培训师课前必须与相关的现场取得联系，争取最大限度地支持与参与，制订现场教学的步骤与计划，确定指导人员与指导要点，引导学生复习有关的理论知识，为进行现场教学做知识上的准备。

3）做好现场的示范指导工作。在现场教学中职业培训师和实际工作者要做好指导工作，引导学生在直接感知的基础上进行抽象、概括、验证和说明课内学过的理论知识，启发学生质疑问难，引导学生做必要的实际操作。学生通过观察、理解新传授的知识、技能的操作程序和要点，及时进行模仿练习。

4）做好现场教学的总结工作。现场教学结束时，要抓住现场教学中的主要问题做重点的提示或说明。总结可以在现场进行，也可以在校内进行，总结的方式可以是职业培训师讲解，也可以采取学生座谈的形式进行。

第三节　教学环境

教学环境是影响教学活动的各种外部条件。教学环境是一个由多种不同要素构成的复杂系统，广义的教学环境是指影响学校教学活动的全部条件（包括物质的和精神的），它可以是物理环境和心理环境。而这两类环境又可作为相对独立的子系统存在，并具有各自不同的构成要素，狭义的教学环境特指班级内影响教学的全部条件，包括班级规模、座位模式、班级气氛、师生关系等。此处重点分析狭义的教学环境。

一、教学场所和教学用具

教学场所一般专指教室，包括各科通用的普通教室，为不同学科设置的专用教室，如音乐教室，语音教室，计算机教室，实验室及理论、实践一体的专业教室等，它们是学校教学场所的重要部分。教学场所的质量对职业培训师和学生的身心活动有直接的影响。一方面可以引起职业培训师和学生在生理上的不同感觉，另一方面能使师生在心理上产生共鸣。

教学用具主要指教学活动所必备的一些基本用具，如课桌椅、实验仪器、图书资料、运动器材、挂图和各种电化媒体手段（如录像机、录音机、电视机、计算机多媒体、语音室）等。教学用具是教学活动所必需的，对教学活动起着制约作用。随着现代教育技术的发展，教学用具不断更新换代，教学手段也日益丰富多彩，教学设施环境也变得越来越复杂了。

二、时间和空间

人的心理活动能力在一天中的不同时段有不同的表现。因此，能否科学地安排分配时间对师生生理及心理都有较大影响，从而对教学成效产生影响。因此，根据学习人群学习心理特点及不同学科的性质，合理安排好学习时间，使学生在学习中有张有弛、劳逸结合，是创设良好教学环境的重要内容。

不同的教学空间组织形式和空间密度对师生的身心健康和教学成效可以产生不同的影响。班级规模和座位编排方式就是两个最重要的教学空间变量。空间拥挤可以引起行为异常和生理上的不良反应。班级规模对于无论是学习过程、学习纪律，还是学习成绩都有影响，小班优于大班，小班学生的积极性高于大班。

三、教室布置

教室布置首先要明确几点。一是没有一种布置方式能适合所有训练的需要。二是对学生来说，座位的不同意味着他们对谈话对象、对职业培训师角色的感觉和视觉的不同。三是教室空间的大小在某种程度上决定着教室的布置。四是充分考虑教室布置的类型，即以职业培训师为中心的和以学生为中心的。

1. 以职业培训师为中心的教室布置

以职业培训师为中心的教室布置不必担心学生会脱离控制问题。传统的布置法，如图 4—2 和图 4—3 所示。职业培训师站在教室前面，居高临下地监视每位学生，学生面向教室前面，分排就座。座位前可能有成排的桌子，也可能像电影院那样没有桌子，只有椅子。这种方法有长处也有短处。例如，就空间利用而言，这是最有效率的布置方式。它只要求在教室中间留下一条通道的空间。桌椅向前可排列至离职业培训师用具 1～2 ft（1 ft=0.3048 m）远，向后可排至后墙。中间过道可放置放映设备；悬挂式放映机不会遮挡视线。这样，所有的空间均可利用。除了前面的学生头部能遮挡某些视线之外，学生可以一览无余地看见黑板、屏幕和职业培训师。

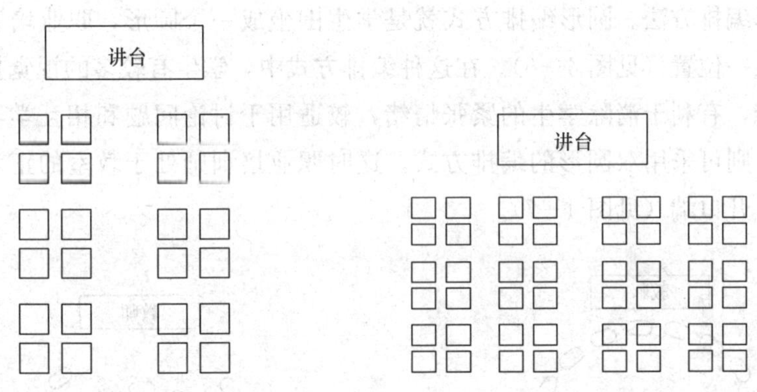

图 4—2　长方形编排方式　　图 4—3　双长方形编排方式

这种布置法的短处没有其长处那样明显。传统的布置法在本质上是职业培训师本位的，一切均由职业培训师控制。学生自愿做出反应的可能性很小，承担的责任和与同学交流思想的可能性更小。如果发生了互动的话，也只发生在学生与职业培训师之间或个别学生之间。

2. 以学生为中心的教室布置

以学生为中心的教室布置是允许学生参与和易于使学生彼此相互影响的教室布置

方式。在保证教学设备处于最佳位置的前提下，学生座位的编排优先考虑非正式座位编排模式，课桌选择除了正式的方形、条形课桌外，也可以选择其他形状的课桌，方便课桌的组合，如图 4—4 和图 4—5 所示。在这种类型中，职业培训师的可视范围较小，各项活动的转换和衔接比较自然。当然，职业培训师并不是真正地失去了控制。例如，在 U 形布置中，职业培训师只要轻轻地进入 U 形里面再出来，就能轻而易举地重新获得学生的注意，由于学生不愿围着职业培训师谈话，他们会立刻安静下来。

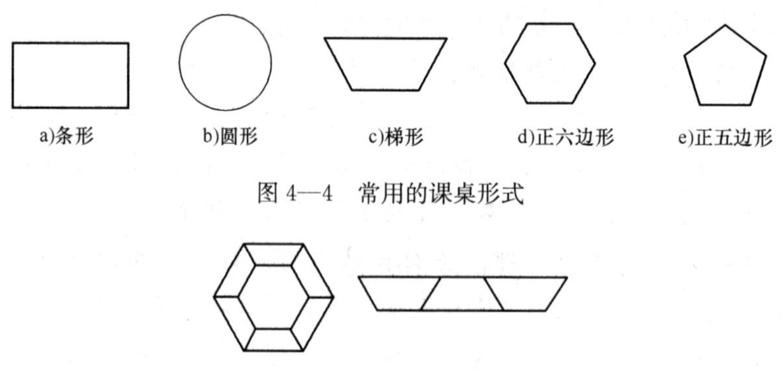

图 4—4　常用的课桌形式

图 4—5　梯形课桌的组合

非正式座位编排模式一般有圆形和 U 形两种形式及其变式，它们分别适用于不同的教学目的与要求。

(1) 圆形编排方法。圆形编排方式就是学生围坐成一个圆形，职业培训师则处于教室前方的某一位置（见图 4—6）。在这种编排方式中，学生有较多的视觉接触和非言语交流的机会，有利于消除学生的紧张情绪，较适用于讨论问题和相互学习。当班级人数较多时，则可采用双圆形的编排方式。这时职业培训师处于教室的正前方，两排圆形的前方有开口端（见图 4—7）。

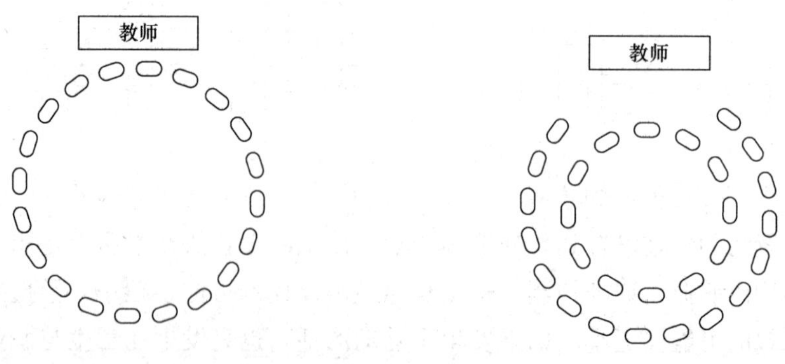

图 4—6　圆形编排方式　　图 4—7　双圆形编排方式

(2) U 形编排方式。U 形编排方式就是学生围坐成 U 形，职业培训师则处于 U 形的开口端（见图 4—8），在这种编排方式中，学生与职业培训师有较多的视觉交流，适用于学生的自学活动。当人数较多时，则可采用双U形编排方式（见图4—9和图4—10）。

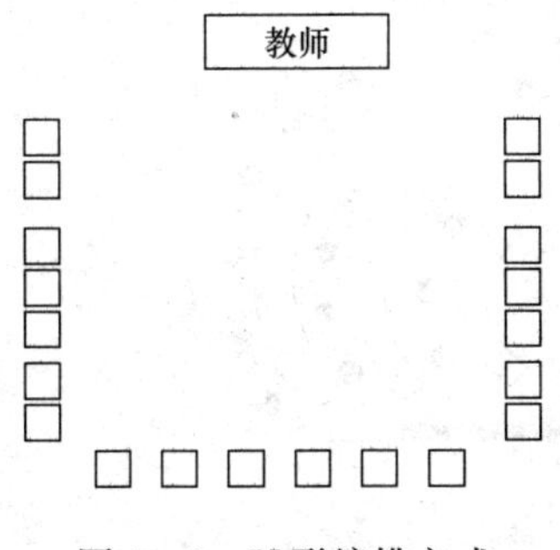

图4—8　U形编排方式

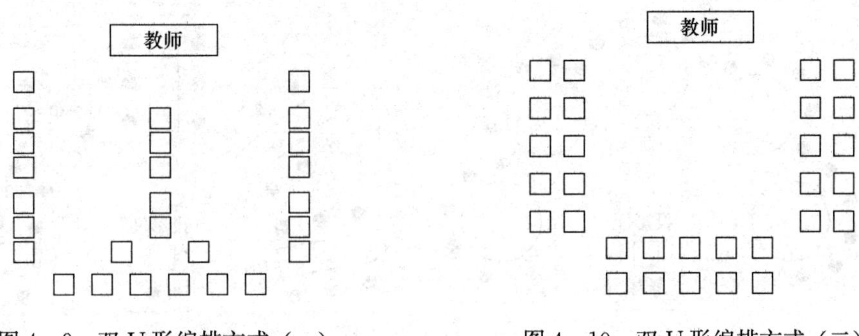

图4—9　双U形编排方式（一）　　图4—10　双U形编排方式（二）

（3）其他编排方式。编排方式也可采用其他的方式，如图4—11～图4—14所示。

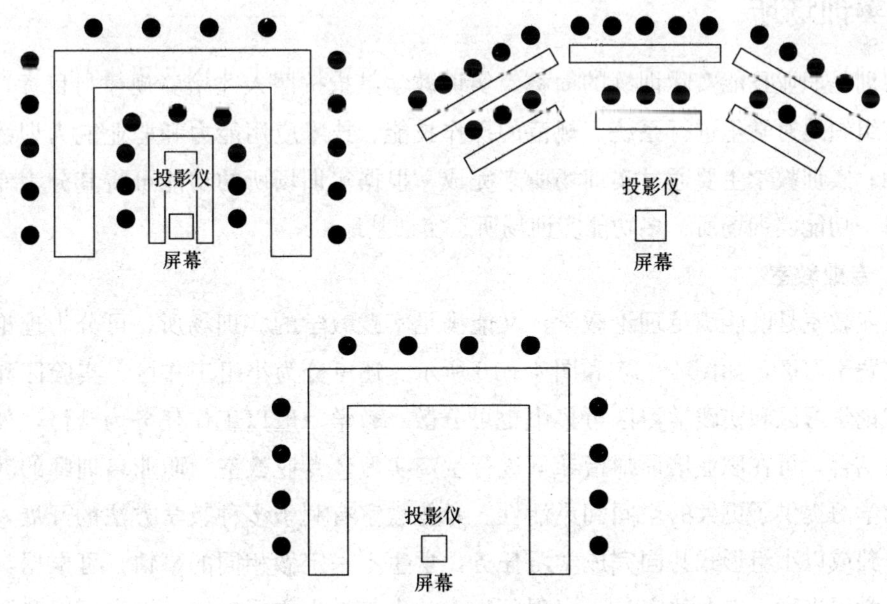

图4—11　条桌与座椅的布置

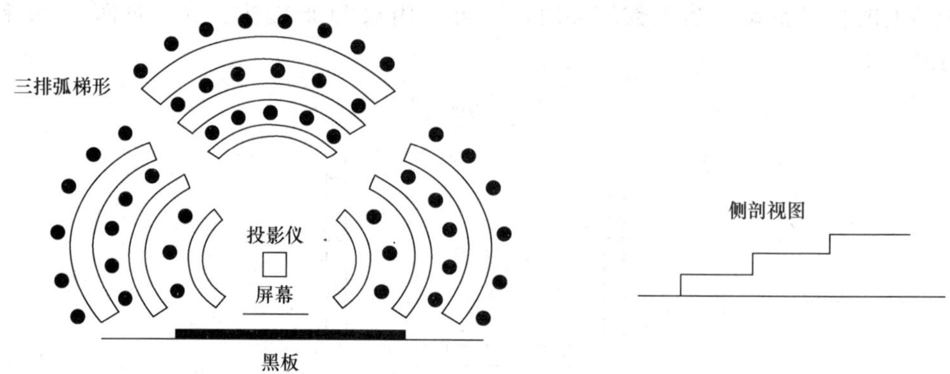

图 4—12　弧形条桌与座椅的布置

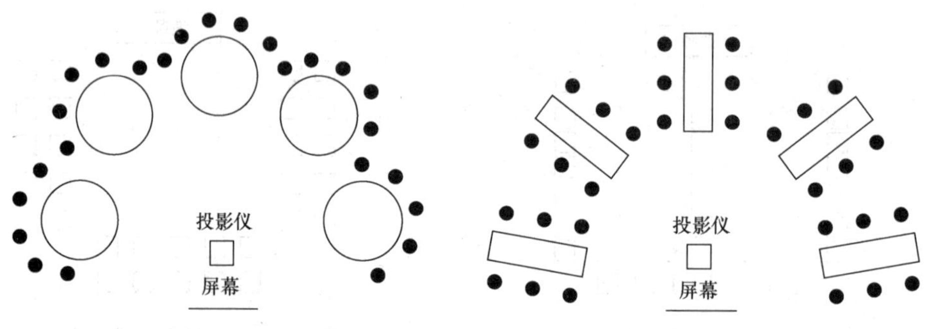

图 4—13　采用圆桌时的可能布局　　图 4—14　采用矩形条桌时的可能布局

四、实训场所

实训是职业技能实际训练的简称。实训教学是指按照人才培养规律与目标，有计划、有组织地对学生进行系统、规范的操作技能、技术应用能力和职业能力训练的教学活动。实训教学主要通过实训场所来完成。根据实训场所的功能可将其分为专业教室、单一功能实训场所、多功能实训场所、实训基地。

1. 专业教室

专业教室是既能满足理论教学，又能满足实践教学的实训场所，可分为理论学习区和实践学习区，如图 4—15 和图 4—16 所示。还可分为小组工作区、实验区和实操区，理论学习区和实践学习区可集中也可分散。教学一般以工作任务为载体，如与实际项目结合，可在职业培训师指导下进行生产实习。专业教室为职业培训师的教学和学生的学习提供了更大的空间和灵活性。专业教室有利于多种教学方法的开展，学生可以单独或以小组形式共同完成学习任务，学生不一定做相同的事情，可根据具体情况确定学习进度。专业教室易于实现师生、学生与学生之间交流，学生可以和职业培训师一样在教室活动，具有更大的活动空间。师生之间有融洽的伙伴关系，有利于调动学生的学习积极性，为学生职业能力尤其是关键能力的发展提供了成长的环境。一般来说，专业教室相对于一般的教室和实验室需要更大的空间。

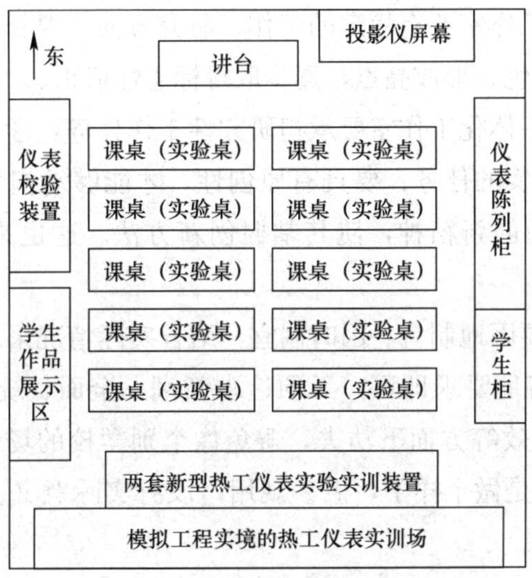

图 4—15　某职业院校热工仪表专业教室

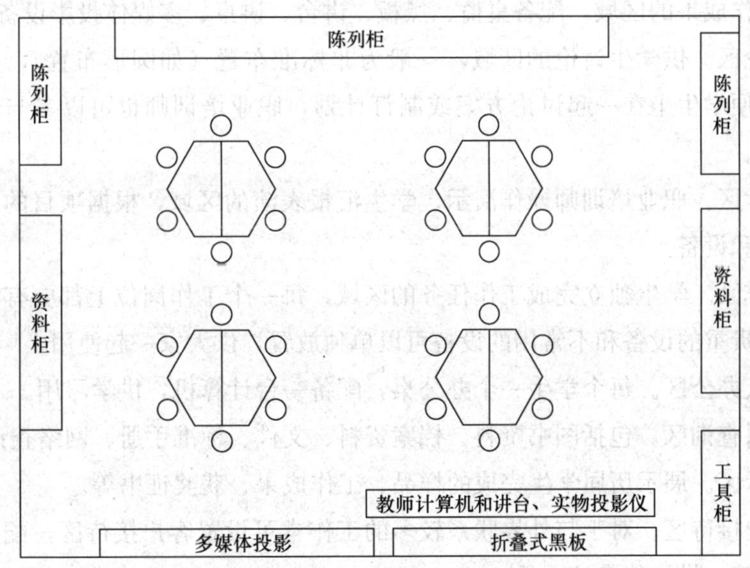

图 4—16　某职业院校专业教室实践学习区

一体化工作室具有教学功能、服务功能、科研功能、学生创业和竞赛功能等，是专业教室的延伸和升华。

(1) 一体化工作室构建遵循的原则

1) 教学性原则。一体化工作室的构建突出教学目标，以教学为主要目的，通过实际工作任务来完成教学。

2）与专业结合原则。工作室的建立符合专业的发展方向。能够培养学生的职业能力，学生受益面广。

3）长期性原则。工作室要有稳定的工作、研究方向，要长期坚持运行，能实现可持续发展，逐渐形成特色、形成亮点，逐步取得标志性成果。

4）研究性原则。一体化工作室要承担研究性工作任务，学生要参与职业培训师的实际研究课题，承担真实的任务；要具有原创性，才能够承担学生科技创新、创业的目标，才能培养学生的创新精神，使其掌握创新方法。这也是与专业教室所不同的地方。

5）实用性原则。要因地制宜、因时制宜，结合实际情况采取灵活的方式构建工作室，设备、场地只要满足要求即可，无须追求新潮、全面、统一等，但要尽量方便。重点在实用、有用、有效等方面下功夫，避免像个别学校的场地、设备都很漂亮，而实际使用情况不佳，仅是做个样子，供参观用，没有实际意义。同时还要有合适的师资力量来承担指导工作。

（2）一体化工作室的构成

1）教学区。承担传统的教室功能，是职业培训师传授知识或学生讲述工作方案、展示个人工作成果的区域，配备桌椅、黑板、讲台、讲桌、多媒体投影设备等。

2）讨论区。供学生讨论的区域，一般为非标准布置（如圆形布置），桌椅可以重新组合，方便学生坐在一起讨论方案或制订计划，职业培训师也可以参与学生的讨论并进行指导。

3）演示区。职业培训师操作演示、学生汇报表演的区域，根据项目的功能配备相应的工作台和设备。

4）工作区。学生独立完成工作任务的区域，每一个工作岗位上都要有相应的常用设备，对于贵重的设备和不常用的设备可以单独放置，供大家一起使用。

5）个人办公区。每个学生一个办公桌，配备一台计算机，供学习用。

6）资料查询区。包括图书资料、档案资料、文件、标准手册、网络查询等。

7）展示区。展示历届学生完成的样品、工作成果、获奖证书等。

8）客户接待区。对于与外界联系较多的工作常可设置客户接待区，配备沙发、茶几、饮水机等，供接待来访人员。

9）休闲区。供工作人员在工作之中短暂休息使用的区域，宜设置在通风、采光、视野好的地方，可以在走廊或大厅里，配备沙发、茶几等，也可以和客户接待区结合在一起。

10）更衣室、淋浴室。对于特殊的工作环境，要求设置更衣室和淋浴室。对于工作环境较为恶劣的情况，如电气焊，完成工作任务后要淋浴、更衣；对工作环境要求洁净的情况，如制药等，需要在上岗前淋浴、更衣。但一般不需要设置更衣室、淋浴室。

以上各种区域的设置要根据实际情况灵活安排。

2. 单一功能实训场所

职业活动可分解成若干相对独立的工作任务（功能），可为每个工作任务（功能）设计专门的实训场所，形成单一功能实训场所。单一功能实训场所的实习实验设备针对单一实训项目，功能相对完整。由于教学内容较单一，有利于职业培训师教学工作的开展，并可能成为某一方面的专家，也有利于学生独立的专项技能或能力的培养。单一功能实训场所因为只能给学生提供互不联系专项技能或能力的学习，缺少将这些能力综合起来的职业环境，所以学生很难形成实践性强的综合职业能力。单一功能实训场所使用率比较低，只有同一专业各年级学生数量相当时，或者多个专业可共同使用一个教学场所，才有可能实现较高的利用率。

3. 多功能实训场所

多功能实训场所是为某一职业（专业）设计的、融该职业全部或多项工作任务（功能）为一体的实践教学场所。职业培训师的任务是对整个学习或工作的过程进行发动、监督、帮助、控制和评估，包括教学的资源准备和提供，主要有以下几个方面：

（1）把学生引入教学过程中，并帮助其组建学习小组。

（2）进行必要的讲解。

（3）在制订计划和做出决定阶段为学生提供帮助。

（4）监督学生的工作过程，必要时进行干涉。

（5）对学生的成绩进行评估并反馈给学生。

4 实训基地

（1）实训基地的功能。实训基地一般具有基本功能和扩展功能。教学、培训、鉴定功能是基本功能。生产、科研、技术服务、国际交流合作和示范辐射等功能是扩展功能，扩展功能虽然也服务于经济社会发展，并对人才培养产生重要影响，但与人才培养联系的紧密程度和直接程度不及基本功能。实训基地有两种：校内实训基地和校外实训基地。

不同职业院校的人才培养定位不同，所在区域经济发展水平也有差异，加上实训基地建设基础和经费等限制，基本功能和扩展功能所包含的具体功能并非完全相同，侧重点也有所差别。

（2）实训基地不同功能的主要任务

1）基本功能。是实训基地建设人才培养必须着重保证的功能。

①教学功能。是指实训基地承担实验、实习、实训等多种形式的实践教学或理论实践一体化教学的任务。

②培训功能。培训主要是正常教学计划外为满足学生不同层次的个性化发展目标开展的岗位技能和职业素质训练，可以是针对在校学生的技能提升，也可以是针对职业培训师或外校学生和社会培训。

③技能鉴定功能。技能鉴定则对学生或培训者的特定职业岗位技能进行考核评判，并给合格者颁发相应等级的职业资格证书，使其获得职业准入资格。培训和技能鉴定两者常联系在一起。

2）扩展功能

①生产功能。往往体现为实训基地承接外协加工或开展经营性服务等类业务，学生通过产品加工或上岗服务，可以获得良好的技能和职业素质训练。

②科研、技术服务功能。指职业院校以基地为依托，承担科研课题，与企业开展联合，解决生产技术问题，提供技术指导。这是学校直接创造科研成果，或转化科技成果，服务地方经济的方式。以上扩展功能同时也可加强职业培训师与生产或服务实践的联系，提高师资实践能力和专业水平。通过科研、技术服务产教研结合方式，可充分挖掘实训基地潜力，强化学生的质量、安全、环保、责任意识和技能水平，可提高人才的培养质量。

③示范辐射功能。指某些实训基地达到较高的建设水平，取得良好的建设效益，为同类学校提供示范、指导和借鉴。

④国内、国际交流合作功能。实训基地以独具特色的教学模式和较高的教学水平，与国内、国外职教同行广泛合作，共同研究，相互借鉴经验，扩大职教实训基地的影响力。扩展功能在充分发挥实训基地资源效用，提高人才培养质量方面起着重要的作用。在优先保证基本功能的同时，不同的职业院校应当根据自身实际规划，充分挖掘扩展功能。

（3）实训基地的构建原则

1）实用性原则。根据专业对应的职业岗位群进行职业岗位分析，明确各职业岗位所需技能，确定建设项目，合理布局实训基地。

2）先进性原则。实训基地建设尽可能贴近生产、技术、管理第一线，实训设备具备一定的技术含量，实训项目体现新技术、新工艺。

3）开放性原则。实训基地要面向学生、企业、社会，开拓实训、培训等全方位的服务功能，构建融学历教育、短期培训、科研与社会服务一体的多功能实训基地。

五、课堂气氛

1. 课堂气氛的含义

课堂气氛是指在课堂中师生之间和学生之间围绕教学目标展开的教与学活动而形成的某种占优势的综合的心理状态。

这种综合的心理状态是职业培训师和学生在教学活动中形成的某种稳定而积极的情感体验及对待教学活动的态度和行为的综合反映，它具有认知和情感的特征。这种综合的心理状态，总与教学过程密切联系在一起，它具有稳定性，也具有可变性。在一定条件下，课堂气氛会形成某种占优势的稳定状态。这种稳定的群体心理状态，在教学过程中，始终会收到职业培训师、学生、教学环境、教学内容等诸多因素的影响。

2. 课堂气氛是一种客观存在，具有不同的类型

我国多数学者将课堂气氛分为积极的、消极的和对抗的三种类型。在积极的课堂气氛中，师生关系和谐，职业培训师善于引导学生积极参与并为其提供较大的思维空间，学生心情舒畅，思维活跃，主动配合。在消极的课堂气氛中，师生之间“淡如水”，常常出现的情况是：要么是职业培训师无精打采地讲，学生不假思索，木然接受；要么是职业培训师滔滔不绝，累得口干舌燥，学生却启而不发，大有消极怠工之势。而在对抗的课堂气氛中，师生之间关系紧张，学生随意插嘴，自行其是，轻视职业培训师的存在，甚至空气中充满着“火药味”。

从学生思维活动状态及情感体验角度将课堂气氛分为四类：智力紧张、情绪轻松型；智力紧张、情绪紧张型；智力轻松、情绪紧张型；智力轻松、情绪轻松型，见表4—2和表4—3。一般将积极型和智力紧张、情绪轻松型课堂气氛称为良好课堂气氛。

表4—2　学生在不同课堂气氛下的表现（一）

学生表现 气氛类型	注意力	想象力	反应速度	兴趣	情绪	对职业培训师的态度	课堂纪律
积极的	集中	强	快	浓	积极、活跃	积极配合	好
消极的	不集中	差	慢	冷淡	低落	冷漠	好
对抗的	不集中	差	慢	冷淡	亢奋	对抗、轻视	很差

表4—3　学生在不同课堂气氛下的表现（二）

学生表现 气氛类型	注意力	想象力	反应速度	兴趣	情绪	对职业培训师的态度	课堂纪律
智力紧张 情绪轻松	集中	很强	快	浓	轻松、愉快、有安全感	乐于配合、有亲近感	好
智力紧张 情绪紧张	集中	较强	较快	一般	压抑、紧张、易疲劳	能配合	好
智力轻松 情绪紧张	不集中	一般	慢	冷淡	胆怯、易焦虑	被动配合	好
智力轻松 情绪轻松	不集中	差	慢	冷淡	随意	不配合甚至对抗	差

在不同的课堂气氛中，学生的学习积极性、学习兴趣、学习情感体验、学习注意力是有很大差异的，学习中的智力活动和操作活动也有较大区别，这必然会影响学习效率。有研究表明，人的心理状态既能提高各种心理机能，也能降低各种心理机能，活动效率对心理状态的依赖程度的变动幅度高达±70%。良好的课堂气氛能使学生大脑皮层处于兴奋状态，有利于学生的智力活动。在这种心理气氛下，学生思路开阔，思维敏捷深刻，想象丰富活跃，记忆力增强，精力旺盛，积极主动，且容易受到“社会助长作用”的影响，能引起学生兴趣，从而更好地接受新知识，并在新知识的基础上分析、综合、联想、推理，进行创造性学习。而消极压抑的课堂气氛易使学生的智力活动受到抑制，思路狭窄，思维变得呆板拘谨。虽然被迫接受了一定的知识，但难以独立思考、积极探索，不利于学生的创造性学习。

3. 良好课程气氛形成的条件

良好课堂气氛的是职业培训师、学生和教育情境三者相互作用的结果，需要职业培训师的精心组织和主动创设，职业培训师是良好课堂心理气氛的创设者和维护者。营造良好的课堂心理气氛包含创设和调控两层含义，通常采取下列策略。

（1）确立适当期望水准。教育心理学的大量研究表明，职业培训师期望的自我实现性预言效应是确实存在的。职业培训师期望可以通过言语或非言语的方式传达给学生。言语式期望有两种方式可以借鉴，其一是客观语言提示，其二是主观语言或称为自我语言提示。客观语言提示是指职业培训师流露出的语言信息对学生的影响。例如，职业培训师轻拍某学生的肩膀，轻声说道：“你很棒!”自我语言提示是指个体对自身的语言提示。李白的“天生我材必有用”其实就具有这种增强自信心的自我提示效果。职业培训师在课堂可以有意识地运用这种提示将自己的期望传递给学生，让学生感到自信，以改善课堂气氛，提高学生学习效率，促进教学顺利进行。非言语式期望可以通过对学生的期待、信任、赞许等眼神来实现。

职业培训师对学生的期望值应适度，过高易让学生感到“高不可及”，过低则会使学生认为自己没用，易导致学生产生自卑倾向。同时，职业培训师对学生的期望还应注意个体差异。

（2）职业培训师要以自己积极的情感感染学生。师生的情感共鸣是课堂心理气氛的重要变量。现代教学论认为，教学过程不仅是传授知识的过程，更是师生在理性、情感方面的互动过程。学生是否乐于接受职业培训师所传授的信息，关键在于该信息能否满足学生的情感需要。课堂教学中要使师生双方的意图、观点和情感联系起来，使职业培训师传授的知识、提供的信息能引起学生强烈的求知欲望、积极的思维活动和强烈的内心体验，职业培训师必须增加情感投入，给知识、信息附加情感色彩，实施情感性教学，以职业培训师自身的情感体验营造良好和谐的课堂心理气氛。职业培训师本身的情感状态，可以产生共鸣作用，使学生受到潜移默化的影响，让课堂中出现某种心理气氛。这就要求职业培训师在教学过程中倾注积极的情感和真诚的爱心，用情感和爱心去感染和打动学生，让他们伴随着丰富而快乐的情感体验参与教学过程。诸多优秀职业培训师的经验说明，职业培训师的积极情感有助于良好课堂心理气氛的形成。它还要求职业培训师能够深入学生内心，体验学生的情感，把自己的情感倾注到学生身上，重视与学生的情感交流，缩短因职业培训师的权威、地位、角色而产生的与学生间的心理距离，增强与学生在心理上的合作，以让学生能够“亲其师，信其道”。职业培训师的师爱是调控课堂心理气氛的长久动力源泉。

（3）建立职业培训师的教育威信。职业培训师的威信是指职业培训师具有一种使学生感到尊严而信服的精神感召力量。实践证明：有威信的职业培训师让学生感到心悦诚服、亲切而不失威严，对其所授知识及其思想观点深信不疑；让学生感到安全，敢于提出问题，大胆表达自己的观点；其表扬让学生感到骄傲与自豪，对学习产生更大的信心与激情；对于其批评，学生也会欣然接受，并将其作为鞭策自己的动力。相反，对于缺乏威信的职业培训师，很多学生自觉或不自觉地流露出轻视、不信任，有的学生甚至会在课堂上故意捣乱，影响他人学习，干扰职业培训师的工作，破坏课堂纪律。

职业培训师的威信是职业培训师综合素质内化后的外显，通常要经过长时间的历练才可能树立起来。职业培训师威信从以下方面得来：

一是来自高尚的道德与思想品质。主要表现在：职业培训师言行一致，正直坦诚，心胸豁达，以身作则；具有坚强的意志，面对困难不轻易放弃；与学生平等交往，不摆架子，为学生提供展示自我的心灵空间，宽严相济：对学生饱含挚诚的关爱，敞开心扉，耐心倾听学生的心声，认真分析学生的困惑，并热情帮助学生。

二是来自对教育事业的热爱、渊博的知识和高超的教育教学艺术。主要表现在对教育工作具有高度的责任感、使命感、自豪感；不仅精通本专业的知识技能，而且博览群书，眼界开阔，能够批判地接受新事物，不断充实自己；善于反思教育教学行为，勤于钻研，孜孜以求。

（4）职业培训师的组织管理方式。作为班集体的组织管理者，职业培训师的管理方式决定着集体氛围的形成。职业培训师的管理方式分为权威式、民主式和放任式三种。

1）权威式管理。课堂里的一切由职业培训师决定，学生没有自由，只是听从职业培训师的命令，职业培训师完全控制了学生的行为。这种方式在发展学生的创造性和责任心方面较差，但是在班集体涣散，课堂秩序混乱，人际关系紧张时，权威式管理往往能有效地控制局面，使课堂活动走上正常运行的轨道。

2）民主式管理。职业培训师在课堂中以民主的方式教学，重视学生集体的作用。

职业培训师力图使自己成为一个帮手和促进者，以便对学生进行帮助和指导，鼓励个人和集体的责任心和参与精神，对学生的表现给予客观的表扬和批评。民主式管理方式在职业培训师离开学生时，学生仍能积极学习，保持较好的成绩。对学生在态度和责任心方面的教育也较好，但是学习的效率并不是特别高，因为学生的素养和自律性不可能十分整齐。

3）放任式管理。职业培训师在课堂上既不严格管理，也不给予强烈的支持，仅给学生提供学习的资料，给学生充分的自由，学生处于放任状态。这种方式学习效率最差，对和谐课堂气氛的负面影响也最大。

大量调查表明，学生普遍欢迎的是民主式管理，最讨厌的是放任式管理。而且随着学生年龄的增大，对权威式管理的讨厌程度也有所增加。因此，职业培训师应端正态度，认识到学生在学习过程中的主体地位，深刻理解权威、民主、放任的含义，调整自己的管理方式，向民主式管理努力。

（5）职业培训师的教学能力。职业培训师的课堂教学能力包括课堂教学的思维能力、表达能力和组织管理能力。职业培训师的课堂教学能力突出地表现在课程的运作能力上，即强调课堂中有效的管理与有效的教学之间的紧密联系。教学能力是通过职业培训师的一系列的课堂学习管理能力实现的。职业培训师的教学能力是影响课堂气氛的重要因素。职业培训师所传授的内容是否新颖、科学，科学结构是否严密，对内容的表述是否形象、生动、具体，教学内容是否符合学生的实际等都会影响知识的可信度。另外，教学信息传递的渠道、媒体、风格等构成的传播方式也会制约信息的可接收度。只有当学生认为职业培训师所传授的知识是可信的、可接受的，他们的课堂心理状态才会是积极的、活跃的，课堂心理气氛才会是和谐的。因此，职业培训师对所传授知识的准备、对传授途径方法的处理应该成为课堂心理气氛调控的重要环节。如职业培训师所传授的内容和所提出的要求应难易适度，有一定的难度，但这个难度又不是不可逾越的。当学生经过努力，克服了困难，取得了学习上的胜利时，就会感到自己的智慧和毅力的力量，体验到一种刻苦努力获得成功的幸福和喜悦，学习情绪和课堂心理气氛就会为之大振。

（6）创造良好的班级风气。班风是指班级所有成员在长期交往中所形成的一种共同心理倾向。班风一经形成，便成为一种约束力，反过来又影响班级团体中的每个成员。它塑造了学生的态度和价值，又影响他们在教室里的学习活动。因此，班风对班集体成员的约束作用最终不是靠规章制度，而是依靠群体规范、舆论、内聚力等一些无形的力量。一般情况下，良好的班风会推动良好课堂气氛的形成；反之，不良班风会对不良课堂气氛的形成起到推波助澜的作用。

职业培训师对班风的形成起着最主要的渲染作用。职业培训师应密切联系学生，尊重学生，培养积极向上、具有较强凝聚力的班集体。同时，职业培训师要重视非正式群体对班风的影响。非正式群体是班级成员在交往过程中源于共同的兴趣、爱好、观点或某种利益而自发形成的，依靠心理、情感的力量来维持。非正式群体对良好班风的形成可能起到促进、中立、阻碍甚至破坏作用。职业培训师要善于分析非正式群体，区别对待；主动与非正式群体成员（尤其是主要成员）多沟通，发现他们的长处，因势利导，有意帮助他们将优势方面的表现迁移到弱势方面；适当地多为他们提供课堂发言、为班级争光的机会，可以培养其中表现较好的学生成为班级干部，引导其对班级产生浓厚的心理倾向，使非正式群体对积极班风的形成与维护产生正面作用。对于起破坏作用的非正式群体，要以情感沟通、真诚关心、积极鼓励为主，必要时辅以学校及班级规章制度的约束作用，最大限度地减少其对班风及课堂气氛的消极影响。

（7）营造最佳物理环境。课堂中的物理环境是指班级人数、座位安排、教学设施、光线、色彩、室内空气等。班级人数太多，让人感到拥挤、烦躁，学生彼此干扰因素增加，职业培训师注意力分配难度加大，易产生课堂问题。一般来说，班级人数控制在 20 人左右为宜。当然，目前对于我国许多学校而言还难以达到这个标准，其平均班级人数远远超过 20 人，这就更需在其他方面进行调整。

（8）重视课堂教学中的师生、学生与学生之间的关系，建立良好的班级人际关系。师生关系融洽，职业培训师热爱、信任学生，学生尊重、敬仰培训师，可以产生积极、健康、愉快、活跃的课堂心理气氛；不和谐、僵化、紧张的师生关系则容易酿成消极、沉闷甚至一触即发的紧张课堂心理气氛。

良好的师生关系有两个特征：其一是学生对职业培训师组织和管理地位的接受。职业培训师要赢得学生的尊重，其地位、教学能力、管理能力等必须得到学生的承认。在学生眼里，理想的职业培训师应是能维持秩序但又不过分严厉，公正无偏私，讲课清晰有趣，知识渊博，能给学生以实际的关怀、帮助。其二是师生之间的相互尊重。从职业培训师角度上讲，这种关系的建立有赖于师生交流的三个方面：第一，职业培训师关心学生的进步，尽可能依据学生的需要和理解来开展教学，指导学习，通过多种形式的评价给不同认知水平的学生以学习指导和帮助，运用适当的期望和奖惩让他们始终保持旺盛的求知欲。第二，职业培训师尊重学生作为“学习者”的角色。学生是学习的主体，有权对学习内容和目标做出选择，职业培训师应在教学过程中尊重他们对学习的自主意识，充分鼓励学生积极主动地探索。第三，职业培训师应视学生为独立的人，师生之间是平等的，通过互相了解和互相尊重建立起良好的关系。

从学生与学生之间关系来看，同学之间团结友爱容易使课堂上形成互相尊重、体谅、友好的学习风气；如果同学之间不和睦，矛盾重重，钩心斗角，课堂上就容易出现嘲讽、攻击、紧张、压抑等不健康气氛。

（9）维持学生在课堂学习中的良好心理状态。心理状态是个体在一定时间内心理活动相对稳定的状况与水平。学生在课堂学习中的心理状态是直接影响其学习效率和课堂心理气氛的重要条件。因此，在课堂教学中，职业培训师要善于观察了解学生的心理状态，自觉激发学生良好心理状态，有意识消除不良心理状态。首先，职业培训师应从学生非言语行为中了解学生的心理状态，即从学生在课堂学习时的表情、目光、动作、姿势等方面，观察、了解其心理状态。其次，职业培训师应满腔热情地激发学生产生和保持良好的心理状态。如职业培训师一句热情而富有鼓励性的话，一个亲切而信任的目光，都可能引起学生的兴奋感、愉快感、责任感，产生积极的心理状态。最后，课堂教学中要不断消除和克服学生学习中出现的不良心理状态。这可从两个方面入手：一是分析产生不良心理状态的原因，二是消除课堂教学中师生双方在认知、情感、动机、兴趣、意志、性格、师生关系等方面的心理障碍。

（10）对偶发事件的控制。对偶发事件的处理要果断、及时，尽量采用智慧与幽默相结合的方式，避免使用冷言恶语，更不能动以拳脚，否则易加剧课堂的紧张气氛并激化矛盾冲突，同时会给学生的心灵蒙上一层阴影，既降低学生学习的积极性，也影响职业培训师教学灵感的发挥。

（11）职业培训师情绪的控制。情绪是融洽师生关系的纽带。职业培训师在授课时，要善于驾驭自己的情绪。职业培训师的情绪对课堂气氛、教学效果有直接影响。职业培训师在良好的心境下授课，思路开阔，思维敏捷，学生的紧张情绪得以缓和，对立情绪得以淡化，自卑情绪得以扭转，竞争情绪得以激发。出现积极、生动活泼的课堂气氛，教学效果随之提高。

职业培训师在低沉郁闷的心境下讲课时，不仅使自己思路狭窄，也会导致学生变得“不可爱、不顺眼”。而在职业培训师盛怒之下，“学生情绪紧张，甚至恐惧，惊慌失措，大脑皮层处于抑制状态，师生间出现心理距离，造成课堂气氛沉闷、压抑”。有实验表明：职业培训师最初站在讲台上若表现出积极的愉快情绪，学生的愉快情绪强度会达到26%；相反，若职业培训师情绪悲伤，则学生的悲伤情绪会提高43%。可见，职业培训师的情绪对学生学习提供了一种情感铺垫，这与人们常说的情绪感染、共鸣是一致的。

第四节　教学方法

教学方法是指在教学过程中，职业培训师和学生为实现教学目的，完成教学任务而采取的教与学相互作用的活动方式、步骤、手段和技术的总称。教学方法必须为实现教学目的、完成教学任务服务，即方法要服务于目的。运用教学方法的根本目的是要促成学生有效地学习。

教学方法包括职业培训师的教法和学生的学法。教法制约着学法，学法也影响着教法。职业培训师的教法要通过学生的学法加以体现，而学生的学法实际上是在职业培训师的指导或影响下的学法。不能把职业培训师的教法和学生的学法截然分开。因此可以说教学方法是教法与学法的辩证统一。

职业教育教学有一套可单项使用，也可综合运用的教学方法，可以根据学习内容和教学目标选择使用。对于教学内容、结构较为复杂的综合性问题，教学过程多以小组合作形式进行，一般不只采用一种教学方法，而是综合运用多种方法。

职业教育的基本教学方法如下。

一、讲授法

讲授法是职业培训师通过口头语言向学生系统、连贯地传授知识、培养能力、进行思想教育的方法，在以语言传递为主的教学方法中应用最广泛。在课堂教学中使用得最频繁、最普遍。其他各种方法在运用中常常与讲授法结合。

讲授法的优点包括：知识容量大，成本低，能较好地发挥职业培训师的主导作用，保证知识的系统性。缺点在于：单向性的思想交流或信息传输方式，学生主动性差；以语言为主要媒介，直观性差；讲的内容多，影响学生的记忆；面向全体，难以做到因材施教。讲授并不等于“填鸭”“灌输”，职业培训师要讲，但得会讲，得善于讲，得讲得好，讲不等于“灌”。

1. 课堂讲授方式

根据职业培训师和学生在课堂讲授期间的活动状况，将课堂讲授分为四种方式。分类的结果不是绝对的，实际讲授过程发生的每件事并不一定都能归入这四类，每位职业培训师也不可能一直使用一种方式。这样做的目的是为了更好地理解课堂讲授的规律。

（1）灌输式讲授。灌输式讲授指讲授过程中的信息输入完全来自职业培训师，学生只是接受信息。这种方式的最简单的形式就是讲演。

这种方式的特点：以知识的传授为中心，可以让学生减少探索时间，避免走弯路。有助于形成知识的系统性，有利于学生较快形成概念，理解有关知识。但这种方式从教学组织传递信息到知识讲解，一切都是职业培训师的责任。没有反馈，学生参与的程度低。不善于独立学习和总结的学生，比较喜欢这种方式。

（2）启发式讲授。在启发式讲授中，职业培训师首先提供一些新信息和结论，然后提出一些问题，以考查学生是否掌握了新信息和结论。如果学生没有掌握，职业培训师以演讲或其他方式提供新的内容、思想和结论，接着使学生以问题或讨论的形式反馈它们时，这个过程才算是启发式讲授。启发必须以学生的反馈为基础。启发只是职业培训师发出新信息、接收学生反馈，必要时给学生以纠偏的一个简单过程。

这种方式因为学生在参与过程中获得了更多的自主性，有助于使学生更好地记住一些信息，这个过程中，职业培训师拥有全部的控制权和负有将学生引向正确或失误的责任。它依然缺乏那种能保证最充分学习所需程度的责任。

（3）发现式讲授。发现式讲授，指学生在职业培训师的指导（而非控制）下进行学习，并试图得出自己的结论。职业培训师只提供给学生无法得到的某些事实，学生要尽可能多地得出新发现。与启发式讲授不同，发现式讲授要求学生独立探求新结论、新概念甚至是新的事实。学生对学习承担责任，必须知道自己已学会了什么，将要学习什么。就学生的参与程度而言，发现式讲授比较有效，职业培训师也能收到良好的反馈。

（4）开放式讲授。开放式讲授是一种学生活动方式。在这种活动中，学生首先就活动目标及测评标准达成一致；职业培训师将学生确定的目标进行任务分解，并设计一定的活动，分头完成这些任务，以最终达到目标。整个活动的主体是学生，职业培训师只起到制定规则、检测鉴定的作用。

2. 课堂讲授法的适用范围

课堂讲授法并非在任何情况下都适用，这种方法在适用范围上有着确定的界限。

（1）教材内容。讲授教学最适宜于教授与事实有关的知识。如果知识是最新的（如时事，学科的最新发展，研究的前沿状况等），而且不可能很快从印刷品或其他形式中得到的话，讲授教学特别见长。讲授也适用于抽象程度高、学科内容繁杂的课程，能给学生提供一个理论框架，为以后的学习做准备，起到一种概述或定向作用。

（2）学生。大量研究表明，需要组织和给予更多指导的学生（如低年级学生、内倾性格的学生）比较喜欢讲授。性格外向、灵活的学生更喜欢独立学习或讨论。

（3）职业培训师。讲授教学适合那些充满自信、思路清晰又能驾驭语言技巧的职业培训师。

（4）环境。讲授教学更适合班级规模大一些、教学人员相对不足的场合。

3. 讲授的基本要求

应事先做好充分准备，最重要的是厘清思路，要设计好一堂课的导论、主体和结论三个部分。

（1）导论。这是讲授主体的引入，其目的是提出讲授话题，引出讲授主体，引导学生注意，一般要做到简洁明了，迅速切入主题。

（2）主体。这是讲授的重点和主干，要充分展开，做到围绕中心，突出重点，层次分明，思路清晰。在设计时，职业培训师要避免单调冗长的讲授，要有变化，注意调动学生的求知兴趣，引导学生跟着职业培训师的讲解进行同步思维。

（3）结论。这是讲授的结束和结尾，要做到自然直接，简明扼要，明确结论或强调职业培训师的观点，便于学生掌握。

下面分别以灌输式讲授法和发现式讲授法为例，看看这三个部分是如何组织的。

灌输式讲授以原理为中心。“先告诉你想说的内容，再说明这些内容”。职业培训师从陈述一般性概括——对基本点的陈述开始讲授。讲授的主体部分是给学生提供能够证明这个基本论点的材料。讲授可采用多种技法来证明。一种是解释用于弄清并确定这个基本论点，它是各部分与整体的关系。另一种是类比，用以提出已知的某些事物与未知的某些事物之间的相似之处。形象类比在不同种类的两个事物间做比较（如心脏像发动机），文字类比则比较同类的两个不同事物（如两个城市）。例证是以举例子的方式来说明某个论点或假设。摆事实是列举各种各样的统计数字、事实材料或来自第一手的观察者和专家的证据。讲授的结论用来总结这个说明，并且复述这个基本观点。整个过程如图 4—17 所示。

发现式讲授以问题为中心讲授，讲授是把学生从一个问题的提出引导到对解决办法的掌握。发现式讲授以提出问题开始。这个问题必须是对学生有意义的，就像挂在枝头的桃子对于馋嘴的小猴子一样，这样才能激起学生解决问题的动机和欲望。最后，职业培训师再指出最优的解决办法（最优办法可能不止一个）。其过程如图 4—18 所示。

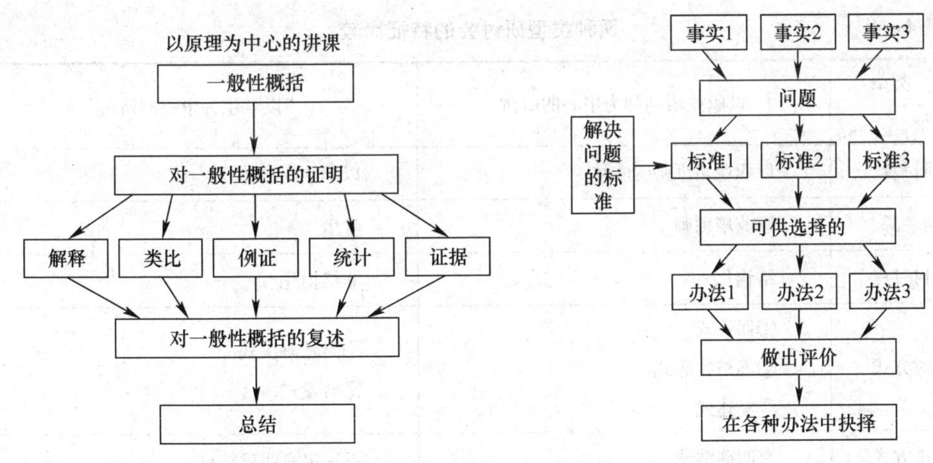

图 4—17　灌输式讲授的组织结构　　图 4—18　发现式讲授的组织结构

二、研讨法

在现代职业教学、培训中，研讨法是广泛使用的方法，起着重要的作用。讲授只向学生转送信息，而研讨则让学生积极地学习；讲授要求学生听，而研讨则鼓励学生提问、探求并做出反应。

1. 研讨会的类型

（1）以职业培训师为中心的研讨会和以学生为中心的研讨会。按照职业培训师和学生在其中的地位和作用，研讨会可分为以职业培训师为中心的和以学生为中心的两种。

以职业培训师为中心的研讨会意味着学生的注意力集中于职业培训师。学生可以控制讨论的议程和进度，但职业培训师是信息的主要来源。

在此类研讨会中，各种问题并不一定由学生首先提出来，职业培训师提出一系列问题，引导出解决问题的办法，从而起到中心的作用。

最后，以职业培训师为中心的讨论可以采用复述方式。复述时，职业培训师先指定阅读材料，围绕材料提出问题，并要求学生回答。职业培训师作为正确答案的拥有者，对学生的回答做出评价。

以学生为中心的研讨会意味着学生的注意力集中于同学，而不是职业培训师。学生不仅主导着研讨的进程，还负责搜寻信息，并提出解决办法。由于一切都由学生负责，因而学生对研讨的目的更加明确，行动也更积极。

以学生为中心的研讨有两种方式：一种是由职业培训师提出问题或任务，学生独立提出解决办法；另一种是不规定研讨的任务，学生就某议题进行自由讨论，彼此吸收经验和知识，并培养一种集体氛围。

上述两种类型研讨会的特征比较见表4—4。

表4—4　两种类型研讨会的特征比较

类型 特征	以职业培训师为中心的研讨	以学生为中心的研讨
研讨者	以职业培训师为主体	以学生为主体
信息源	职业培训师	学生
研讨过程	结构化	非结构化
研讨方式	①回答式 ②苏格拉底式 ③复述式	①问题解决式 ②启发式
结论方式	有明确结论	不一定有明确结论

（2）目标型研讨会、过程型研讨会、目标—过程型研讨会。研讨会通常有两种取向：任务或目标取向；过程取向。根据研讨会的取向，可将研讨会分成三种类型：目标型研讨会、过程型研讨会、目标—过程型研讨会。

1）目标型研讨会着眼于完成任务，这个任务是由职业培训师确定的，它可以是一个结论、一种或几种答案，或是一个解决问题的方案。只要能确保研讨会目标的达成，职业培训师可以不管研讨过程如何。此类研讨处在职业培训师的有力控制之下，具有高度的结构化，各个环节均按预定的时间表进行。

2）过程型研讨会重视研讨过程中学生之间的相互影响。其要旨在于，通过鼓励学生参与，鼓励学生彼此借鉴和吸收有益的知识经验、增进情感，来满足学生的心理需要。因而，是否达成由职业培训师定下的目标倒在其次。

3）目标—过程型研讨会既能实现预定目标，又能有效促进学生参与，更有效率，学生更热心地支持此类会议。要开好此类会议，需要职业培训师有丰富的经验和充分的准备。

2. 研讨会的形式

（1）演讲讨论式。这种形式包括两个部分：首先由某个专业人士就某议题发表公开演讲，随后听众就此议题和前面的演讲进行自由讨论。它提供了少量的双向沟通。组织此类形式的研讨会还须注意，在演讲者之外还应安排一个主持人，以掌握会议规则，控制会议进程。

（2）小组讨论式。小组讨论式可分为三种形式。第一种形式是选择在某一方面有特长、对此感兴趣且善于言辞的几个专家（通常是 3～6 个），就这方面的某个主题进行讨论。讨论小组坐在台上，其中有位主持人以提问的方式来发起和引导讨论的进行。观众通常只是听，并不参与讨论。

第二种形式是在第一种形式的小组讨论基础上，增加一段由听众参与的自由、公开讨论。小组讨论后，听众可以将问题写在卡片上，由讨论主持人转交小组进行辩论、回答；或听众直接提出问题，并与小组或小组中某个成员进行公开讨论。

第三种形式变化较大。挑选 3～8 个人，其中 3 个或 4 个是专家，其工作如第一种形式。另外 3 个或 4 个人代表观众，同样也坐在台上。这几个人提出问题，发表意见，引发争执，以留待专家处理。主持人坐在会台中央的一张小桌前，控制研讨进程。专家共用一张长桌，面向观众坐在主持人的左后方，观众代表共用的长桌也面向观众，放在主持人的右后方。观众通常只是听，偶尔也在主持人的引导下参与讨论。这种形式的一个独特的优点在于，它消除了广大观众和台上专家小组之间自然形成的障碍，增进了专家和观众的联系。

（3）沙龙式。早期的沙龙式研讨会由 5～20 个人组成。这些人聚集于某个家庭的起居室，享受食物和友情，并就相互感兴趣的话题进行讨论。就餐时，由沙龙主人（研讨会的主持人）首先介绍选择好了的话题。然后，各位成员可以就话题自由、非正式地交谈。饭后，成员围桌而坐，在沙龙主人的引导下系统地（但仍然是非正式地）讨论。作为一项原则，此种研讨只适于业余性质的探讨，不适于解决问题和争论很大的问题。

现在的沙龙式研讨会，由 2～5 个专家就某议题的不同方面或相关的话题，分别发表的系列演讲组成。每场演讲的时间，因演讲者的数量、允许支配的总时间和议题的性质从 3～20 min 不等。演讲者彼此不交流意见，只向听众奉献自己心得。现代的沙龙式研讨会通常也设主持人。

现代沙龙研讨会也有一些变体。例如，沙龙举行完后，可以接着进行一场由听众参与的自由公开讨论。此时，主持人就成了听众和专家之间的联系人，他（她）必须具备娴熟的引导听众、激励听众参与的能力。与小组讨论的第二种形式一样，这种沙龙式研讨会也提供了少量的双向沟通。

（4）集体讨论式。通常的集体讨论由 2～20 个人组成。这些人在一个训练有素的同伴（领导者）的带领下，就相互感兴趣的话题进行专门探讨。最大限度地提供给每个人发言机会，以便使他们在参与中彼此吸收思想和经验。这种集体讨论通常作为成人培训项目和课程的一个部分出现。领导者在集体讨论中的作用特别重要，要是可能的话，最好能事先对领导者进行专门训练。

也有的集体讨论会由 2～50 个人组成。这些人分别代表不同的组织、部门和观点，但他们拥有一些共同的兴趣和背景。他们收集信息，探讨彼此问题，希望最后得出合理的解决办法。问题的界定和最终的解决办法是此类研讨会的一般目标。有时，它也被用来交流信息和改进合作。

（5）委员会式。委员会由任命或选举的一小群人组成，来完成较大集体所不能有效完成的工作，委员会通常由某个较大集体任命和赋予权力，并对后者负责。委员会的首长由委员会或较大集体选任。委员会就某一特殊问题进行研究，在此基础上得出结论，并在被授权的情况下采取行动。委员会最后的行动往往是向产生于其中的较大集体提交一份报告。

（6）系列研讨式。系列研讨式研讨会用来提供某一专门领域工作的有关信息和训练。这些研讨会可按计划在一天内召开，也可持续数周、数月或数年。权威性指导在这里受到相当的重视。有关知识被组织好后直接呈现给学生，有关问题也被列出以供他们思考。前面几种组织形式在此综合运用。学生既可以以集体为单位，也可以以个人为单位进行活动。长期的系列研讨会结束时，学生常常能得到结业证书。

（7）攻关小组式。攻关小组由专家、学者领导的一群人组成，专门研究某个问题。其工作的常规程序如下：界定和探讨问题，讨论或列举必要的课题，进行研究，与其他组员交换和共享研究结果，在研究的基础上得出结论。

3. 研讨会的组织和实施

（1）计划。研讨会是否成功，在很大程度上依赖于会前的计划和准备工作做得如何。计划工作的首要步骤是确定研讨会的目标。目标与研讨会的参加者、内容和环境有关。目标可以是一个关于希望在研讨会上完成什么的陈述。

组织管理的目标大多以书面形式存在。与管理一样，界定目标在组织研讨会中也很重要。

研讨会经常用于传递信息、训练、计划、澄清谬误、创新、解决问题和做出决定。

要确保会议效率，与会者的人数必须有限制。上面所列各种目的的会议，从前至后，与会者在数量上应依次减少。例如，很多人可以参与以“传递信息”为主要目的的研讨会；而在以“解决难题”为目的的研讨会中，只有一小批人才能有效参与。当然，任何一个研讨会都可以同时完成多项目标。

研讨会目标确定后，还需仔细审视一下：研讨会是否是达成此目标的最好方式。毕竟，不一定在所有情况下都需要研讨。

(2) 开始。职业培训师开始讨论的方式是很关键的。如果做得好，学生就会知道自己的角色和责任，就会理解会议的规则，也就会按照要求参与会议——以恰当方式表述自己的见解、怀疑或无知。如果做得不好，讨论的开始可能就是会议的终结。

职业培训师应该说明这些研讨的目的或目标，以此来开始讨论。可以通过提出一个启发性的问题、说明一个问题，或者描述可能产生的结果来做到这点。研讨的目标、规则（如“最初 10 分钟不要争论”“别人说完后才能发问”等）及时间安排最好写在黑板上，以使学生注意不要偏离目标。提出问题时，职业培训师应避免提出只有一个答案的问题，避免讲出自己的看法，避免泛泛地提出问题（如“对我们刚才看的这部电影，你有什么看法”）。

问题提出后，职业培训师根据学生集体的成熟度，决定是留在集体旁继续发挥作用或走开让集体独自商讨。

(3) 订立“合同”。与学生订立“合同”将有助于明确即将开展的讨论的目标，了解学生对活动的期望，检验目标是否能达到标准，也有助于了解学生的需要。

(4) 注意倾听。对参与讨论的所有成员（无论是职业培训师还是学生）来说，注意倾听非常重要。不能倾听别人的意见，可能会误解别人，不能吸取有益的经验和知识，甚至可能损伤别人的自尊和感情，研讨也就失去了意义。然而，并不是所有人都能够做到注意倾听的。职业培训师可以通过确定下列规则，帮助学生培养注意倾听的技能。

1）注视正在谈话的人的面部，也不时环顾一下其他人。

2）转身朝向正在谈话的人，身体倾向他。

3）对正在谈话的人做出积极的反应，可以对他微笑、点头，或说“嘿”“噢”“好”“是”。

4）复述某个要点加以强调。

5）提出一些问题，引导谈话继续进行下去。

6）如果存在某项疑问或不清楚之处，要求谈话者加以解释和详细说明。

7）如可能，用笔记下谈话要点，以备最后整理使用，同时以示重视。

（5）信息控制。在以职业培训师为中心的研讨会里，学生倾向于向职业培训师提出他们的看法和经验，而不是其他学生。他们也希望职业培训师能提供“正确的答案”，某些关键性的背景知识，或者是职业培训师自己的看法。职业培训师应当尽量鼓励学生将讨论的对象转向自己的同学，至少在一般情况下不要提出自己的看法或正确的答案。只有在如果职业培训师不提供信息，讨论便会失败时才提供自己的看法或正确答案。

在以学生为中心的研讨会里，职业培训师作为一个局外的专家或顾问而存在，学生集体已有丰富的经验和独立活动的能力。此时，职业培训师可以应学生之邀提供一些必要的信息。职业培训师要注意不要树立自己的权威地位，否则，学生的独立性与参与的热情将受到相当大的影响。

（6）控制进度。在过程型的研讨会中，只要学生能积极参与且能获得心理上的满足，就可以视为达到目的。因此，它不需要严格的时间和进度。然而，在目标型和目标—过程型研讨会中，为了最终得出结论，时间和进度控制则显得十分重要。

欲保证研讨会按既定的时间表进行，需要注意以下几点：一是尽量让学生参与时间表的制定，这样学生便对时间表的意义认识得更深刻，也更乐意恪守。二是让学生尽量保持对时间表的注意力。职业培训师可将研讨各项议程与时间安排写在黑板上，也可印刷后分发给学生。三是尽量让讨论集中于主题。如果学生扯得太远，职业培训师可委婉地予以提醒；如果学生为某个细节争执得太久，职业培训师可设计一些活动来打断他们，如宣布短暂休息等。

（7）对感情的反应。有时，讨论的专题要涉及对某一经验或情境的感情，因而，注意照顾和鼓励学生表达他们的感情成了职业培训师的职能之一。

对有些感情，职业培训师可以不去反应。有些感情，不符合讨论目标或者起反作用，职业培训师可以表示：这种感情是可以理解的，但最好将其放在他处他时来处理。有些感情本身就是讨论的中心，或感情阻碍了讨论的继续进行，职业培训师可以详细描述这种感情，允许集体对其做出反应。重要的是职业培训师在讨论期间要保持一个令人感到理性的、稳妥的、和谐的和开放的环境。

（8）把关。成功的职业培训师应有这样的本领：保证那些应该参与讨论的人去参与，阻止那些“过度参与”的人。这个本领包括一种敏感性——职业培训师在整个研讨会期间应知道：每个学生在任一时刻应该做什么，整个学生集体在任一时刻应该做什么。

职业培训师应不断邀请安静的学生参与讨论，应该阻止那些抓住机会就侃侃而谈的学生。通常，如果职业培训师创造了正确的讨论气氛，学生会圆滑地打消“侃爷”的兴致。如果这种情况没有发生，职业培训师可以出面阻止。如职业培训师可以说：“小李，在开始下项议程之前，让我们听听小张和小王的意见好吗?”

(9) 处理好冲突。任何一场有活力的讨论，其中心必然是矛盾冲突和意见相左。对意见冲突不应听之任之。如果处理得好，它可能是促使继续讨论的动力；处理得不好，效果可能会适得其反，甚至损害集体的团结。

处理好冲突，最重要的是职业培训师要保持冷静和公平的心态。职业培训师可以请对立双方重新阐述自己的见解，还可以请第三方发表意见。如果这种意见是关于事实的不一致，职业培训师可以提供有关事实资料，或让学生去查阅有关文献；如果这种意见冲突是由价值观引起的，那么职业培训师应引导学生认识到冲突背后的价值观的存在，并鼓励学生去正确理解、宽容和评价对方的价值观。

如果这种意见冲突是关于学生集体的规则、目标、措施等时，职业培训师可以寻求一种折中的办法：可以用“暂时搁置”的办法将问题留待以后处理，也可以用集体投票表决的办法来确定结论。无论用哪种办法，职业培训师都要慎重考虑，因为处理得不好就可能会危及集体的团结和发展。

(10) 提供反馈。及时提供反馈有利于控制讨论的方向，也有利于激发学生的积极性。提供反馈的方法，或者是总结整个集体讨论所取得的成就，或者是表扬某个学生的行为。表扬可以是明显的（如言语），也可以是不明显的（如报以更多的微笑等）。受表扬的可以是符合目标的议论，也可以是促进集体讨论的行为。

(11) 总结。总结是职业培训师的一项重要责任。它有助于有效地控制研讨会，使讨论目标能顺利达到。总结包括：讨论进行到了时间表上的哪一点，是否该得出结论了，是否该转移议题，或某个学生的行为如何等。

一般来说，让学生自己进行上述活动，结果会更好一些。但学生可能由于“身在此山中”而做不好。在任何情况下，掌握好总结的技术，将有助于职业培训师更有效地控制研讨会。

(12) 记录。有些人认为正式记录太费时间，但它是达到研讨会目标和合理利用研讨会时间的保证。此外，当不止一个学生参与交流过程时，误解就有机会也有可能产生。因而，记录是实际工作中检验讨论是否达到目标的重要环节。

1) 简单的研讨会记录包括的内容

①得出的结论。

②活动项目和责任分配。

③未解决的问题。

④下次研讨会的日期和具体时间。

2）较详细的研讨会记录包括的内容

①研讨会的日期、具体时间和地点。

②目标。

③与会人员名单。

④依次讨论的各个问题，包括参加讨论者的观点。

⑤研讨会使用投票表决时，进行和赞成投票表决者的姓名、投票结果。

⑥安排的活动项目及其日期、预期结果。

⑦未涉及或推迟讨论的问题及相关解释。

⑧下次研讨的日期、具体时间、地点和议程。

三、谈话教学法

1. 谈话教学法的含义

谈话教学法是通过师生之间的谈话进行教学的方法，适合个体化教学辅导。谈话教学法常在一个学习单元中的特定教学阶段采用，用于学生收集、整理信息资料和交流学习工作经验等。如学生在不同类型或行业的企业的实习经验，制造加工专业学员（生）在培训中制订生产加工计划等。

2. 谈话教学法的步骤

职业教育中的谈话教学常按照下面 6 个步骤进行：

（1）职业培训师采用讲解式教学引入谈话，让学生大体了解学习的目的和内容。学生回忆已学过的相关知识或经验，收集专业信息。

（2）师生共同讨论定义和表述单元学习课题名称，讨论学习内容应掌握的程度，并准确地将其用文字表达出来。

（3）对谈话课题的范围进行界定，并按照逻辑关系划分段落，保证讨论内容始终集中在共同确定的主题范围内。

（4）讨论。师生交流信息资料和个人意见，共同寻找解决问题的途径。

（5）学生针对主题阐述个人意见。

（6）总结讨论成果，可由学生先总结，职业培训师整理学生的总结结果后做最后定论。

3. 运用谈话教学时的注意事项

职业培训师要有充分的准备，谈话的过程要根据教学任务进行设计，选择好所提的问题。问题要明确，难易要适当，有启发性。提问要针对全体学生，并给以适当考虑的机会，注意“两个不行”和“两个不好”：先叫人后提问不行，提出问题马上叫人不行；问完不让其他学生补充不好，一下子提很多问题不好。职业培训师听学生回答要耐心，一般不要轻易打断。

在谈话中，职业培训师应该调动所有学生的积极性，及时补充意见，保证学习顺利进行并达到所设定的学习目标。

在谈话教学中，由于信息的传播是多方向的，因此师生关系、同学关系都不是固定的，如图 4—19 所示，建立一种民主的交流气氛特别重要。但职业培训师应当注意，当学生的基本知识和经验不足而影响学习进程时，也可采用提问式教学对学生提供帮助。

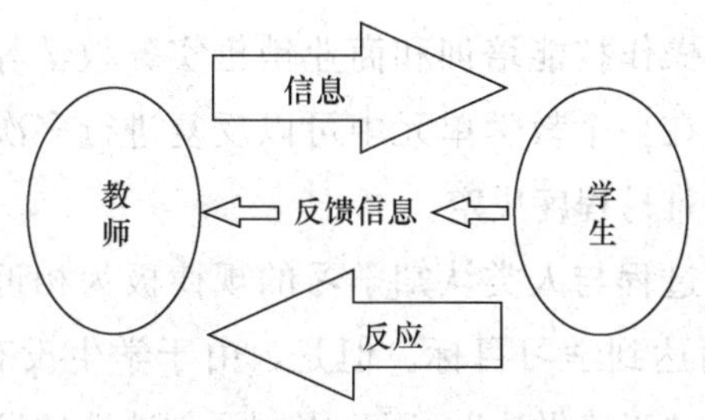

图 4—19　谈话教学的信息传递

四、四阶段教学法

在职业教育培训实践中，采用最多、历史最悠久的教学法多是以“示范—模仿”为基础的教学方法，这是由职业教育的实践特性决定的。四阶段教学法是一种起源于美国岗位培训的、系统化的以“示范—模仿”为核心的教学方法，第二次世界大战以后在欧洲发展成熟并得到了广泛的推广。

1. 四阶段教学法的概念（讲、演、练、评）

四阶段教学法，即把教学过程分为准备、职业培训师示范、学员模仿和总结练习四个阶段进行的程序化的技能培训教学方法。它适用于操作技能培训和商业销售实务教学等。

四个阶段的具体教学活动如下。

（1）准备（讲）。职业培训师的行为占主导地位。主要教学方式为讲解式。

一般过程为：职业培训师引入课题，通过提问了解学员对新课题的准备情况和现有基础，然后通过设置问题情景，说明学习内容的意义，调动学生的积极性。

（2）职业培训师示范（演）。职业培训师的行为仍占主导地位，职业培训师的主要任务是：首先将整个过程熟练准确地示范一遍，之后再分步示范。在分步示范中讲清楚三个问题，即做什么，怎样做，为什么要这样做。与传统理论教学课堂演示的不同在于：这里示范的主要目的不仅是让学生获得感性知识和加深对理论知识的理解，而且要让全体学生知道职业培训师操作的程序，职业培训师是怎样做的，他们接着也要这样做。

（3）学生模仿（练）。学员的行为占主导地位。

挑选多个学生（一般按照接受能力从强到弱的顺序）按示范步骤重复职业培训师

的操作，必要时解释做什么，为什么这么做，职业培训师也可以加以补充说明。职业培训师观察学生模仿过程，得到反馈信息。了解学员理解、掌握的程度。如果学员的模仿完全正确无误，就可以进行下一阶段，否则，则要重复第二和第三阶段。

（4）练习总结（评）。职业培训师布置练习任务让学生独立完成，自己在旁边监督、观察整个练习过程，检查练习结果，纠正出现的错误。职业培训师还可将整个教学内容进行归纳总结，重复重点和难点。

四阶段教学常用于如操作技能培训和商业销售实务教学等实践技能培训。在教学实践中，第二和第三阶段在一个教学单元中可以反复进行多次，具体次数可视学生理解、掌握的程度和课题的难易程度决定。

四阶段教学法的学习过程与人类认知学习的规律极为相近，学生能够在较短的时间里掌握学习内容，从而达到学习目标。但是，由于学生没有机会尝试自己的想法，而必须模仿职业培训师的“正确做法”，因而限制了创造性的发挥。

2. 四阶段教学法的实施过程

表 4—5 是按照四阶段教学法进行教学的详细过程。值得指出的是，在教学实践中，并不要求涵盖表中的每个细节，职业培训师可根据实际情况加以取舍。

表 4—5　　　　四阶段教学的实施过程

第一阶段：准备阶段 1. 划分实践教学的单元 2. 准备必要的仪器设备、工件、教具等	
第二阶段：职业培训师示范 1. 教学开始 2. 说明学习目标，激发学生的兴趣 3. 确认学生的基础水平 4. 正确引导	（1）职业培训师与学生之间相互问好、介绍 （2）介绍学习本教学单元内容的意义 （3）准确描述课题的任务 （4）向学生展示教学工具、设备和加工工件 （5）介绍所要加工工件的用途、功能和所学工作行为方式的重要性 （6）指明正确操作或行为方式的优点 （7）注意观察学生已掌握的操作或行为方式 （8）让学生演示已学过的操作或行为方式，确定下一步教学难度 （9）让学生感到现在职业培训师示范的就是他一会儿必须做的，学生不能站在职业培训师的对面
第三阶段：学生模仿 1. 第一种模仿形式：获得基本概况和第一印象，尝试	（1）给学生自由表达意见的机会 （2）肯定学生在首次尝试中取得的成绩 （3）尽量不打断学生的模仿过程，只是在学生继续不下去或继

续表

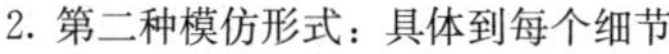

2. 第二种模仿形式：具体到每个细节 3. 第三种模仿形式：总结	续下去肯定不会成功时才加以干涉 （4）在第一次模仿失败时，职业培训师重复示范整个过程，但要着重强调引起学生失败的那个步骤，可通过与学生的讨论增强效果 （5）让学生按照每一个步骤模仿工作或操作过程，详细说明“什么”“怎么做”和“为什么这样做” （6）注意解释操作过程的逻辑关系 （7）让学生对整个过程进行较熟练的模仿并用简洁的语言解释在“干什么”“为什么这样做” （8）让学生在模仿每一步骤前都能叫出其名称 （9）对最重要的工作过程和注意事项进行提问，特别是学生所表现出的难点
第四阶段：练习与总结 1. 让学生独立练习 2. 让学习了解在哪里可以得到帮助 3. 在开始时注意并向学生提供较多的帮助 4. 掌握练习进程 5. 认可练习结果 6. 形式上结束实践教学单元	（1）预先告知练习的期限 （2）让学生在较长的时间里独立工作 （3）学生可与已掌握本教学内容的高年级学生建立一种师生关系，以便获得练习中遇到困难时的帮助 （4）注意学生取得的成绩并让学生本人也感受到，可与同学共同评定成绩 （5）避免密集型练习，职业培训师应合理安排作息时间和变换教学内容，保障学生学习新内容所需要的体力、敏感和思维反应能力 （6）和学生讨论练习的成果 （7）指正学生在练习中出现的错误和不足之处 （8）总结学习成果

五、两种不同思维方式的教学方法

1. 头脑风暴法

（1）头脑风暴法的概念。头脑风暴法，是由美国创造学家 A. F. 奥斯本于 1939 年首次提出、1953 年正式发表的一种激发性思维的方法。“头脑风暴”与俗语中的“诸葛亮会”类似，是职业培训师引导学生就某一课题自由发表意见的方法，是一种能够在最短的时间里获得最多的思想和观点的工作方法，是聚合思维训练的一种好办法。头脑风暴法已被广泛应用于教学、企业管理和科研工作中。

在职教实践中，可通过头脑风暴法讨论和收集解决实际问题的意见和建议（总称为建议集合）。通过集体讨论，集思广益，促使学生对某一教学课题产生自己的意见，通过同学之间的相互激励引发连锁反应，从而获得大量的构想，经过组合和改进，达到创造性解决问题的目的（见图 4—20）。

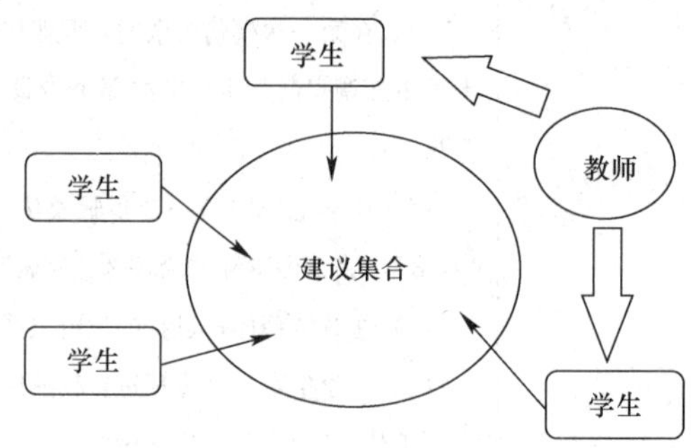

图 4—20　头脑风暴法在实践中的应用

（2）头脑风暴法的机理。头脑风暴为什么能激发创新思维呢？根据 A. F. 奥斯本本人及其他研究者的看法，主要有以下几点。

1）联想反应。联想是产生新观念的基本过程，在集体讨论问题的过程中，每提出一个新的观念，都能引发他人的联想，相继产生一连串的新观念，产生连锁反应，形成新观念堆，为创造性地解决问题提供了更多的可能性。

2）热情感染。在不受任何限制的情况下，集体讨论问题能激发人的热情。人人自由发言、相互影响、相互感染，能形成热潮，突破固有观念的束缚，最大限度地发挥创造性的思维能力。

3）竞争意识。在有竞争意识的情况下，人人争先恐后，竞相发言，不断地开动思维机器，力求有独到见解，新奇观念，由心理学的原理可知，人类有争强好胜心理，在有竞争意识的情况下，人的心理活动效率可增加 50%或更多。

4）个人欲望。在集体讨论解决问题的过程中，个人的欲望自由，不受任何干扰和控制是非常重要的。头脑风暴法有一条原则，不得批评仓促的发言，甚至不许有任何怀疑的表情、动作、神色。这就能使每个人畅所欲言，提出大量的新观念。

（3）头脑风暴法的运用场合和实施过程。在实践教学中，头脑风暴法适用于解决没有固定答案或者没有参考答案的问题，以及根据现有法规政策不能完全解决的实际问题，如商品营销中的买卖纠纷、导购、广告设计、加工专业的工作程序设计教学等。

头脑风暴法一般按 3 个步骤实施。

1）起始阶段。职业培训师解释方法，说明要解决的问题，鼓励学生进行创造性思维，并引导学生进入论题。

2）意见产生阶段。学生即兴表达各自想法和建议。职业培训师应避免对学生的想法立刻发表意见，也应阻止学生对其他同学的意见立刻发表评论。

3）总结评价阶段。师生共同总结、分析实施或采纳每一条意见的可能性，并对其进行总结和归纳。

经验表明，由头脑风暴法产生的建议有5%～10%是可行的。当学生人数多于6人时，可把建议集合分成几部分进行分组讨论。

（4）头脑风暴法的组织形式。采用头脑风暴法教学时，要求所有学生都积极参与到创造新思想的过程中。学生不需要为自己的观点陈述原因，其他学生也没有必要立刻对某个学生的观点加以评价、进行讨论或是提出批评。应该鼓励同学提出一些似乎很唐突的想法，因为这极有可能引发出智慧的火花。所有意见均放在最后统一进行整理和评判。

头脑风暴法教学应在一个开放、轻松的环境中进行，时间很短。可将其插入任何一个教学单元或工作过程中。但是，对各种意见的评价和整理需要花费较多的时间。采用头脑风暴法教学的注意事项见表4—6。

表4—6　　采用头脑风暴法教学的注意事项

时间	5～15 min
小组人数	5～12人（课堂教学也可以班为单位）
结果保证	设主持人1名，主持人只主持会议，对设想不做评论。设记录员1～2人，要求认真将与会者每一个设想不论好坏都完整记录下来
评价	分析建议的可行性，引出进一步的设想

（5）头脑风暴法的实施技巧

1）自由联想，建立自由思考气氛，参加者不应该受任何条条框框限制，放松思想，让思维自由驰骋，从不同角度、不同层次、不同方位大胆地展开想象，尽可能标新立异、与众不同，提出独创性的想法。

2）延迟评判。必须坚持当场不对任何设想做出评价的原则。既不能肯定某个设想，也不能否定某个设想，不能对某个设想发表评论性的意见。一切评价和判断都要延迟到会议结束以后才能进行。总之，想法“千差万别”，对各种不同想法，无须进行任何解释，更不能断言一个想法是否对实际有意义。这样做一方面是为了防止评判约束与会者的积极思维，破坏自由畅谈的有利气氛；另一方面是为了集中精力先开发设想，避免把应该在后阶段做的工作提前进行，影响创造性设想的大量产生。

3）禁止批评。绝对禁止批评是头脑风暴法应该遵循的一个重要原则。参加头脑风暴的每个人都不得对别人的设想提出批评意见，因为批评对创造性思维无疑会产生抑制作用。同时，发言人的自我批评也在禁止之列。有些人习惯于用一些自谦之词，这些自我批评性质的说法同样会破坏会场气氛，影响自由畅想。

4）追求数量。头脑风暴会议的目标是获得尽可能多的设想，追求数量是它的首要任务。参加会议的每个人都要抓紧时间多思考，多提设想。至于设想的质量问题，可留到会后的设想处理阶段去解决。在某种意义上，设想的质量和数量密切相关，产生的设想越多，其中的创造性设想可能就越多。

2. 思维导图教学法

思维导图又称脑图或概念图，创始人是英国心理学家、教育学家东尼·博赞。思维导图是表达发射性思维的有效的图形思维工具，通过图文应用把各级主题的关系用相互隶属与相关的层级图表现出来，把主题关键词与图像、颜色等建立记忆链接。

博赞先生认为："思维导图是一种新的思维模式，它结合了全脑的概念，包括左脑的逻辑、顺序、条例、文字、数字，以及右脑的图像、想象、颜色、空间、整体等。透过心智绘图，我们不但可以增强思维能力，提升注意力与记忆力，更重要的是，能够启发我们的联想力与创造力。"其实思维导图就是一种开发思维潜力、提高思维能力的简单高效的工具。

(1) 思维导图绘制工具。实现"思维导图"的方法很多，可以利用一切画图的方法设计出自己的概念图，例如，用纸、笔描绘，在黑板上用粉笔画等。现在国内外涌现了许多可以绘制概念图的工具，绘图软件都可以用来绘制概念图。如 Word、PowerPoint，金山公司的 WPS 等。针对概念图的设计特点而开发的软件如 Mind Mapper、Mind Manager、Brainstorm 等。

(2) 思维导图教学实施过程。思维导图教学实施过程如图 4—21 所示。

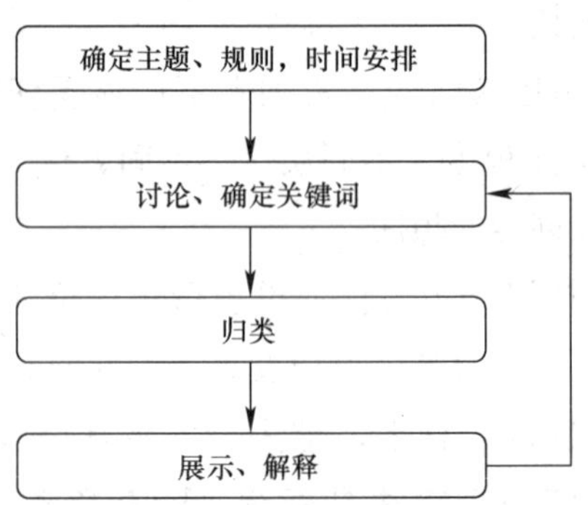

图 4—21 思维导图教学实施过程

1) 把学生组成若干个合作学习小组，小班可两人一组，大班可四人一组。

2) 职业培训师在开始上课时即宣布用思维导图的方法，将研究主题画在黑板上或放映在多媒体的大屏幕上，同时宣布需要共同遵循的原则和注意事项，并鼓励每个人积极思考。

3) 宣布各组的思考时间，以及思维结果的表达方式，发给每组 1～2 张卡片，把主要思维结果用关键词写上去，学生按顺序上讲台，并把卡片展示到黑板上，做必要的解释。在各组展示过程中，可以把各组相同的卡片重叠在一起。

4) 待各组全部展示好，职业培训师即开始寻找学生共同参与，进行卡片归类，整理成若干个大的方面。

5）继续发给各组1～2张卡片，要求各组就已归类后的几个方面，再提出进一步的思考，并规定思考时间，之后重复第三步，继续由学生上台作解释并展示卡片。

6）此时学生展示的卡片形成了一个图形。其基本特征是，中间是主题，往外是由若干个主要方面观点的卡片与中心议题联系在一起，再往外则是第二次思考后展示次要一点观点的卡片，此时用线条把这些想法根据前后次序和相关性连接起来，则形成了一个思维导图的整体图像，它完全是一个紧密联系在一起的互相交织的网络，而且所有的内容都和主题相关联。应该说围绕一个主体，经过全班学生分两个层次思考，这样形成的一些思考结果必然是比较全面、完整的，在思考中学生相互间启发也很大，而且可掌握对一个比较复杂的问题，应该怎样根据相关因素的主次进行分层思考、连续思考。

（3）思维导图的用途。思维导图在生活学习和工作的很多方面都可以应用，它是一个不断发展和完善的工具，同时也是一门不断精练和提高的技术。它的应用如下：

1）笔记（阅读、课堂、学习、面试、演讲、研讨会、会议记录等，需要记录要点时）。当接收信息时，用思维导图作记录，将要点以词语记下，把相关的意念用线连上，加以组织，方便记忆。

2）温习（预备考试、演说等，需要加深记忆时）。将已知的资料或意念从记忆中以思维导图画出来，如学完每个主题、章节，可以画出这个主题的思维导图，建立系统完整的知识框架体系加深记忆。

3）小组学习（头脑风暴，小组讨论，家庭/小组计划等需要共同思考时）。小组共同创作思维导图。首先由各人自己画出自己已知的资料或意念，然后将各人的思维导图合并及讨论，并决定哪些较为重要，再加入新意念，最后重组成为一个共同的思维导图。在这个过程中，每个组员的意见都被考虑，提升团队归属感及合作。共同思考时，也可产生更多创意及有用的意念。最后的思维导图是小组共同的结晶，各组员有共同的方向及结论。

4）创作（写作、学科研习、水平思维、新计划等，需要创新时）。首先将所有环绕主题的意念都写下来，包括新的意念，不可能发生的，不用理会对或错。然后休息，再将意念组织合并，重新画出思维导图，但不要将不可能的划去。因为重要的意念可能有所改变。再休息，让大脑放松，这时候可能产生创意。然后改写思维导图。在这个过程中，思维导图有助于将大量的意念联系起来，产生新的意念，而且中心目标十分清楚。

5）选择（决定个人行动、团队议决、设定先后次序、解决问题等，需要做出决定时）。当有多个意念要求去选择及做出决定时，思维导图有助于更全面及清晰地明白这些问题。首先将需要考虑的因素（目标、限制、后果及其他可行性）用思维导图画出来，再将所有因素以重要程度或喜恶加权。最后尝试做出决定。

6）展示（演讲、教学、推销、解说、报告书等需要向别人说出自己思想时）。当需要向别人讲解自己的想法时，思维导图可以协助人们在预备时清楚自己的构思，令演说更具组织性及更容易记忆，在演说时利用思维导图可令听众容易明白，不用阅读长篇大论的文字。演说者也不用将预备好的稿子读出来，令演说能更配合听众的需要，增加双方的交流。如果有发问时，演说者可灵活地在思维导图上处理扩张，不会迷失在其他思路上，演说者及听众对所说内容印象更深刻。

7）计划（个人计划、行动计划、研究计划、问卷设计、写作、预备会议等，需要行动前思考时）。当人们要进行计划时，思维导图可将所有要留意的意念写出来，再组织成清楚、有具体目标的计划。设计思维导图时环绕主题思考，不会迷失方向。完成设计后很容易组织及书写出报告，别人阅读计划时很容易了解计划脉络，容易跟进。

3. 头脑风暴与思维导图的区别

头脑风暴是一种职业培训师引导学生就某一课题自由发表意见，职业培训师不对其正确性进行评价，能够在最短的时间里获得最多的思想和观点，然后对各种思想和观点进行分析、整理，试图产生新的观点和思想的方法，是聚合思维训练的一种好方法，已被广泛应用于教学、企业管理和科研工作中。在研究性学习中，可让学生通过头脑风暴法讨论和收集解决实际问题的意见和建议（总称建议集合）。通过集体讨论，集思广益，促使学生对某一教学课题产生自己的意见，通过同学之间的相互激励引发连锁反应，从而获得大量的构想，经过组合和改进，达到创造性解决问题的目的。

人类的大脑思维呈现出的是一种放射性的树状结构，即思维的发散性，它是指一个优秀的创造性的思考者往往首先获得一种“中心思想”，再以此为基础，将自己的思维向各个方向延伸、发散和蔓延，并逐步完善，使之成为一种原创的思想。思维导图将思维的发散性充分体现出来，而日常在总结这种思维时往往采取直线型方式，相互之间没有关联、没有重点。思维导图将思维重点放在图的中心，思维过程及不同思路之间的联系清晰地呈现在图中。这种方式在处理复杂的问题时，一方面能够显示出思维的过程；另一方面可以很容易厘清层次，让人抓住重点，能够启发学生的联想力与创造力。

针对头脑风暴和思维导图的特点，在教、学的过程中，将思维导图与头脑风暴相结合，应用在研究性学习等需要充分讨论的场合，将会取得比较好的教学效果。

第5章

教学技术

职业教育要求职业培训师和学生要有良好的思维技术、主持及演讲技术和媒体使用技术。现代职业教育实施和教学活动的主要场所是课堂，大多数教学活动都是师生在课堂教学实践中合作完成的，职业培训师除了常规的教学技术外还应重点掌握引导调控技术、提问技术、教学语言的使用技术等。

第一节　思维技术

“思维”一词在英语中为 thinking，在汉语中，“思维”与“思考”“思索”是同义词或近义词。《词源》中说：“思维就是思索、思考的意思。”从思维的本质来说，思维是具有意识的人脑对客观现实的本质属性、内部规律的自觉的、间接的和概括的反映。思维作为一种能力和品质，是人的智力核心、智慧的集中体现。爱因斯坦说：“人们解决世界上所有问题是用大脑思维的一种提炼。”对学生思维能力的培养应作为学校教育的首要任务，把教会学生思维放在第一位，使得每个受过教育的学生都能够自己发现问题，解决问题。如德国的教育从幼儿园到小学并不教太多东西，孩子的第一要务是玩得开心，其次是教一些基本的常识。从中学才开始传授知识，并且第一位是教学生怎么去学习和思维。

职业教育教学要求学生必须进行主动、积极的思维，并作为学生参与教学过程中一个重要的基本技能进行训练。

一、七种重要思维

不同的标准对思维的分类不同，这里仅仅介绍七种重要思维：形象思维、逆向思维、灵感思维、逻辑思维、发散思维、系统思维、辩证思维。

1. 形象思维

是指以具体的形象或图像为思维内容的思维形态，是人的一种本能思维，是一种基本的思维形式。人一出生就会无师自通地以形象思维方式考虑问题。

2. 逆向思维

这是一种比较特殊的思维方式，它的思维取向总是与常人的思维取向相反。实际上不存在绝对的逆向思维模式，当一种公认的逆向思维模式被多数人掌握并应用时，它也就变成了正向思维模式。

逆向思维并不是主张人们在思考时违逆常规、不受限制地胡思乱想，而是训练一种小概率思维模式，即在思维活动中关注小概率可能性的思维。

逆向思维是发现问题、分析问题和解决问题的重要手段，有助于克服思维定式的局限性，是决策思维的重要方式。

3. 灵感思维

这是一种潜意识与显意识之间相互作用、相互贯通的理性思维认识的整体性创造过程。灵感思维作为高级复杂的创造性思维理性活动形式，不是一种简单逻辑或非逻辑的单向思维运动，而是逻辑性与非逻辑性相统一的理性思维整体过程。灵感思维具有以下特点。

（1）突发性和模糊性。由于是没有在显意识领域单纯地遵循常规逻辑过程所形成的，所以灵感直觉思维产生的程序、规则及思维的要素与过程等都不是被自我意识能清晰地意识到的，而是模糊不清、“只可意会不可言传”的。

（2）独创性。这是灵感思维的必要特征。不具有独创性，就不能称为灵感思维。

（3）非自觉性。其他的思维活动都是一种自觉的思维活动，灵感思维的突出性，必然带来它的非自觉性。

（4）思维灵活活动的意象性。在灵感思维活动过程中，潜意识领域或显意识领域总伴有思维意象运动的存在。没有意象的暗示与启迪就没有思维的顿悟。

（5）思维高度灵活的互补综合性。思维高度灵活的综合互补性是其思维的重要特征，如潜意识与显意识的互补综合、逻辑与非逻辑的互补综合、抽象与形象的互补综合等。

4. 逻辑思维

是指符合某种人为制定的思维规则和思维形式的思维方式，通常所说的逻辑思维主要指遵循传统形式逻辑规则的思维方式。常称它为“抽象思维”或“闭上眼睛的思维”。

逻辑思维是人脑的一种理性活动，思维主体把感性认识阶段获得的对于事物认识的信息材料抽象成概念，运用概念进行判断，并按一定逻辑关系进行推理，从而产生新的认识。逻辑思维具有规范、严密、确定和可重复的特点。

5. 发散思维

是指大脑在思维时呈现的一种扩散状态的思维模式，比较常见，它表现为思维视野广阔，呈现出多维发散状。发散思维又称辐射思维、放射思维、扩散思维或求异思维。

6. 系统思维

是指以系统论为思维基本模式的思维形态，它不同于创造思维或形象思维等本能思维形态。系统思维能极大地简化人们对事物的认知，给人们带来整体观。

7. 辩证思维

是指以变化发展视角认识事物的思维方式，通常被认为是与逻辑思维相对立的一种思维方式。

辩证思维是唯物辩证法在思维中的运用，唯物辩证法的范畴、观点、规律完全适用于辩证思维。辩证思维是客观辩证法在思维中的反映，联系、发展的观点也是辩证思维的基本观点。对立统一规律、质量互变规律和否定之否定规律是唯物辩证法的基本规律，也是辩证思维的基本规律。

二、科学思维方法

科学思维方法根据其思维特征、形式、层次可以有很多种类。在现代职业教学中，头脑风暴法、张贴板教学法、思维导图法和畅想落实法的思维训练就属于思维中最基本的发散型思维与聚合型思维。

第二节　演讲技术

一、概述

职业培训师作为主持人，必须掌握良好的演讲技巧，因为在教学过程中，职业培训师既要把问题阐述清楚，又要把学生的注意力吸引住，做到简洁、清晰、声音悦耳动听才能起到导向作用，因而需要认真锻炼。同时在教学过程中，学生是主体，是教学活动的中心，学生在以小组形式进行学习成果汇报时，必须学会演讲，既要把问题观点、成果表述清楚，又必须达到学生喜欢听的目的。这实际上是学生教学生，学生在相互交流中完善对知识的理解，并经多次反馈强化，达到共同掌握知识与技能的目的，实际上也是职业培训师功能的转移，所以学生学会演讲是极其重要的。职业培训师应有意加强对学生的演讲训练。

一般来说，学生经过几次演讲，水平就会有所提高。但要保证每个学生都会讲，都能讲得好，是需要下点功夫的，蕴含着对每个学生的思维、分析、归纳、语言表达、交流交际诸方面能力的培养和锻炼。特别是对于性格内向胆怯的学生，要格外重视。

二、职业培训师课堂演讲的过程和技巧

演讲是一门语言艺术，它的主要形式是“讲”，即运用有声语言并追求言辞的表现力和声音的感染力；同时还要辅之以“演”，即运用面部表情、手势动作、身体姿态乃至一切可以理解的态势语言，使讲话“艺术化”起来，从而产生一种特殊的艺术魅力。有效的课堂演讲始于周密而全面的计划，具体的内容如下：

1. 准备

（1）计划

1）分析学习者。职业培训师要了解他们的需求、价值观、背景、知识水平，以及

可能存在什么样的错误观点。

2）确定目标。学生应该做什么，有多长的演讲时间，一定要考虑到时间限制，来确定教学目标和内容。

3）确定内容。明确本次教学的内容，能给学生带来什么收益。这些信息对学生是否重要。

4）确定演讲要点。采用头脑风暴的方式，列出演讲的主要观点。把这些观点记录在卡片上。大多数的演讲包含 5～9 个主要观点。确定每个要点下的子要点和支持性证据。演讲者可以用卡片。每个要点下的子要点不要太多，一般情况下为 5～9 个。

5）逻辑有序地组织整个演讲。一种组织策略是：

①概述，告诉他们你要讲什么。

②呈现，讲给他们听。

③回顾，总结一下，你讲了些什么。

（2）排练

1）用关键字记录，而不要用原稿，把关键字印在索引卡片上。千万不要读原稿，书面语与口头语有着本质的差别。

2）脑子里把演讲的要点走一遍，按顺序预习每个要点。

3）站起来，预演一遍整个演讲。最好能在演讲的房间或类似的房间预演。

4）进行模拟演讲，利用所有的媒体，逐个观点（不要逐字逐句）地演讲。

5）预期观众可能提出的问题，怎样回答。

6）对预演过程进行录像（或录音），也可以邀请一个同事看预演，并提供反馈意见。

（3）设施安排

1）在演讲之前，提前检查设备，如果需要，可以按照需要调整布局。设备安排好以后，要检查一下工作状态是否正常。

2）如果要使用幻灯片投影或播放视频，应该把屏幕置于房间前面中间位置。

3）便携式投影仪的屏幕或者活动挂图放在房间的角落里，以 45°角面对观众。如果是右手习惯，可以把便携式屏幕放置在右边，活动挂图放在左边；如果是左手习惯，应把两者的位置倒过来。

4）课上研究的物体，应该放在前面正中间位置。用完后，马上把它拿走。

2. 呈现

（1）紧张

1）演讲前和演讲过程中，紧张和激动都是难免的。一定程度的紧张有助于演讲，能使演讲更热情、更打动人。

2）充分的计划和准备有助于减轻紧张感。

3）利用紧张感。很好地利用身体移动、支持性姿势和声音变化。

4）深呼吸，让自己平静下来，可以减轻紧张感。

（2）演讲

1）站起来。职业培训师的演讲内容能够吸引更多的注意力。

2）面向学习者。两脚分开，距离 10～12 in，身体重量平分在两个脚上。膝盖放松，两手放在身体两侧，不要插在口袋里。与学习者进行目光交流，让他们能够看到职业培训师的面部表情。

3）使用黑板或挂图的时候，不要背对着学习者讲话。背对着他们的时候，职业培训师无法进行目光接触，他们也听不清楚职业培训师的话。先在黑板上写好，转过身再说话。

4）演讲的时候，站在讲台的一边（如果有的话）。站在讲台的一边或者讲台前面，能让学习者看到职业培训师整个人，更真实自然。

5）在说话的过程中，要适当地移动位置。那些站在一个位置不动，也从不使用手势语言的职业培训师，看起来特别紧张。走动和使用手势，但不要过度。

（3）声音

1）使用自然的、会话式的语调。提起学生的时候，用一种直接和个性化的方式。

2）不要照着演示文稿念。不要照着投影胶片或者讲义念。如果演讲中要传递一些信息，最好给学生一份副本，让他们自己读。

3）声音要富有变化。单调的声音通常是因为紧张引起的（排练有助于减轻紧张感）；演讲人可以通过灵活的身体运动放松自己。

4）演讲的节奏适当。人紧张的时候，说话的速度会越来越快。尽量放松，用对话式语气。

5）声音大一点，让后排的人也能听清楚演讲。声音大了，说话的速度也就自然而然慢下来了，一举两得。演讲开始的时候，问一下后排的人是否能听清楚演讲。

（4）目光交流

1）当眼睛能够跟观众交流的时候，再开口说话。目光交流，让观众感觉职业培训师是在进行一对一的谈话。

2）保持学习者注意力的最好方式就是看着学习者的眼睛，保持 3 s 左右。不要扫描学习者，也不要长时间地看着后墙、屏幕和笔记。

3）保持与学习者的目光交流。在活动挂图、胶片、黑板上写字的时候，先停止说话，等写完了再演讲。

（5）姿态

1）姿势自然。就像和朋友谈话一样，学会在全班同学面前自然地使用姿态语言。

2）不要把手放在口袋里。不要双手抱头，不要甩手，也不要玩笔或其他小玩意。

（6）视觉画面

1）视觉画面可以吸引和抓住学生的注意力。人们喜欢看关键词、图表和线条画。

2）视觉图片可以强化和澄清口语信息，一张图可能比一万字的效果更好。

3）视觉画面更能让人记住要点，帮助学习者记住讲授的内容。很多人对图片的记忆保留时间要长于对文字和数字的记忆时间。

4）过度滥用，视觉画面就失去了效果。一个基本的原则是，1 min 只呈现一幅视觉画面。

5）在设计视觉画面时应注意的问题：

①只使用大字标题。

②减少不必要的文字。

③字体的大小要合适，要让教室后排的学生也能够看到。

④如果可能的话，尽量使用图表和线条画。

⑤一张视觉图片上不要出现过多的文字。

6）使用完视觉画面后，要把学生的注意力重新引回职业培训师身上。

①当需要进行大段解释的时候，学生不需要看投影的内容，应关掉投影仪。注意，不要频繁地开关机器，这样会分散学生的注意力。

②在使用活动挂图的时候，用完一页后翻到一个空白页。在准备活动挂图的时候，两页之间要留空白，避免下一页的内容过早出现，影响了学生对前一页内容的理解和回味。

③黑板上的字如果不需要就应擦掉。

④使用幻灯片的时候，在那些需要进行大段解释，或者要提问题的地方，插入空白的幻灯片。

需要展示一个教学对象、物体的时候，把它拿出来；用完后，立刻收拾好。否则，学生就会分心去看这个物体，而不太注意职业培训师的演讲。不要让学生传看这个教学物品。最好是，职业培训师拿着这个教学物品，走到每个学生面前，让他们简短地看一下这个物体，并告诉他们，演讲结束后，他们还有机会仔细地观察和使用这个物体。

三、一般演讲的流程

1. 开始

先向听众致以问候，再进行自我介绍，展示自己具有相应的能力与素质，再简介自己的从业领域概况。特别要讲很高兴有机会来此工作，要面带微笑。

2. 切入主题

选择合适的题目，产生广告效应。成功地将题目传递给听众，演讲就成功了一半。

3. 介绍演讲的结构

演讲分哪几部分，或者谈哪几个问题，可以利用多媒体展示。

4. 明确提问的方式

演讲后讨论还是允许在演讲中提问。

5. 告诉听众演讲的时间大约有多长，重点问题要重点强调。

6. 演讲中间内容应安排得有趣生动些，但不要乱讲笑话。

7. 发挥演讲人的路标作用

注意内容变化的前后顺序，演讲中、结束前学会衔接，调动听众注意力。

8. 演讲结束前需安排最重要的信息

同时应提出：还有什么问题吗？应做好回答提问的准备，而且对提问要感到高兴。

9. 结束时要向大家致谢。

第三节 媒体使用技术

教学媒体是指教学过程中从信息源到接受者之间携带和传递信息的物质工具或者信息载体，是众多教学材料的总称。媒体不同，接受知识的效果也不同。国外做过这样的实验：给学生一篇教材，学生仅经过阅读，能记住所学知识的10%；由老师认真讲解，学生能记住20%；让学生看一遍教材，再口述内容，学生能记住30%；如果让学生边看边讲解原理，学生能记住50%；若老师能组织学生讨论教材内容并由学生向大家展示心得，学生能记住70%；若由学生看过教材，再动手做一做，最后向大家展示劳动成果，则学生能记住90%。因此，合理使用教学媒体可以使学生学得更充实、更快捷、更清晰、更牢固、更实用。

教学媒体种类很多，各有优缺点，最突出的一点是需要设备条件，因此，需要根据现有条件结合教学内容、目标等具体情况选择相应的方法，才能获得最佳效果。这里简单介绍几种常用的媒体。

一、投影仪、录像教学

投影仪的使用包括直接书写投影、透明胶片投影或实物反射投影。与幻灯机相比，投影仪具有功能多和简便灵活的特点。而且职业培训师可以面对学生边讲边写：教室内光线也有利于学生记笔记；职业培训师可采用不同色彩和不同颜色的胶片突出重点，增强效果，激发兴趣。

为了增进使用效果，使用者应该注意以下几点：

1. 胶片上仅写重点内容，保证清晰度。

2. 用计算机打字时可采用不同字体使重点内容更为突出。

3. 使用胶片投影时，注意遮盖暂时不讲的内容，只露出当时讲授的内容以免转移学生的注意力。

4. 透明胶片所显示字体、内容应保证准确无误。

5. 职业培训师直接在投影胶片上指点内容，以免背对学生。

录像教学可多次录像，反复观看重点内容，促进教学活动。

二、多媒体 CAI

多媒体是指计算机综合处理文本、图形、图像、声音、视频等多种信息，建立多种信息之间的逻辑连接，集成为一个具有交互性的系统，多媒体是能同时抓取、处理、编辑、存储和呈现两种以上不同类型媒体信息的系统。

多媒体计算机与教学相结合，便产生了多媒体计算机辅助教学（multimedia personal computer assisted instruction，MCAI）。多媒体 CAI 是以多媒体计算机为工具，教学信息经由课件开发者编码后通过计算机媒体呈现在学生眼前，并通过人机交往完成各项教学任务。由实践经验可知，将不同的媒体有机地组合为一个整体，多媒体的教学功能比单一媒体的功能强大。

1. 多媒体 CAI 的组成

多媒体 CAI 包括硬件系统和软件系统。其中软件系统包括课件和运行环境。课件本身是在特定的开发环境中利用适当的工具软件制作的，它包含具体教学内容。

2. 课件制作的过程

课件制作要以教学设计理论为指导，运用系统的观点和方法，按照教学目标和教学对象，合理地选择和设计教学媒体信息，并在系统中有机地组合，形成最优化教学结构。课件制作过程包括课件设计、编写课件脚本、把课件脚本转化为软件和课件的修改、完善。

（1）课件设计。课件设计包括教学目标的设计、教学要素的设计、教学媒体的设计、教学策略的设计和教学评价的设计。

教学目标设计是课件设计的灵魂和核心。课件的教学目标设计包括两部分。一是指依据课程标准或教学大纲，不同的教学模式有不同的教学目标。个别化教学模式应体现因材施教，分别提出要求和任务；班级授课教学模式中，教学目标主要通过职业培训师的主导作用来体现。二是指各类学科教学目标的设计。根据学科的特点和教学内容的类别，提出不同的目标要求。

课件设计的要素包括三个方面：学生、职业培训师和教学媒体。在多媒体 CAI 课件设计中，应充分体现学生的主体作用。因此，必须详细地分析学生的认知结构和合理安排学生的学习活动。同时要充分发挥职业培训师的组织、引导和控制作用。依据教学媒体选择的最优化和经济性等原则，职业培训师选择一个或者多个软件，采取最佳的部分，为课堂教学所用。按照教学目标、设备条件，确定教学模式和类型；依据学生生活背景、知识结构的不同设计不同的教学方法，职业培训师采取教学策略合理安排教学各要素的联系和教学各环节的时间顺序。

在多媒体CAI设计中，要事先设计好评价环节。评价环节包括教学前的诊断性评价、教学过程中的形成性评价和教学阶段结束时的终结性评价。

（2）编写课件脚本。课件脚本是课件设计具体化的过程。在职业培训师、教研员、课件编制者、美术工作者的配合下，围绕课件设计确定的选题所编写的脚本是课件开发的依据。课件脚本的编写应该包括设计出每幅画面、交互方式及屏幕转换的控制过程，绘出图形、图像的草图。课件脚本实质上是用文字表达选定的教学内容的思路、内容、重点和难点的过程。

（3）把课件脚本转化为软件。将课件脚本转化为可以在计算机上运行的软件，需要选择合适的课件制作语言或者课件制作工具。转化还需要准备多媒体素材，进行各种媒体数据制作：输入和加工数据、文字、图形；制作图形和动画；对图像进行数字化加工处理；选择音乐和特殊效果的音响，为不同的语言配音。

（4）课件的修改、完善。将课件转化为软件后，课件编写过程基本完成，由职业培训师试用，进行评价，将意见反馈给计算机专家和软件专家，以便对课件做出修改，课件的评价从教学内容、教学质量和软件描述等方面进行。

3. 课件制作工具

为了方便职业培训师制作多媒体课件，国际上已经开发出许多多媒体课件制作工具。这些多媒体制作工具为职业培训师提供了一套符号化工具或者图标，职业培训师可以通过对各种图标进行直观的布局来创作课件，从而取代了编程语言，职业培训师能轻松地设计出融图、文、声、像、动画于一体的软件。

可以用于课件制作的工具很多，国内的不少厂家也开发了课件制作工具。职业培训师在选择课件制作工具时，尽可能选择通用的、符合国际标准的工具软件，充分考虑课件的标准和兼容性，方便课件的交换、交流。在这里，只介绍广泛使用的课件制作工具。

目前常用的课件制作工具有：最简单实用的演示工具PowerPoint；功能强大、使用广泛的多媒体制作工具Authorware。

（1）PowerPoint等应用是Microsoft公司推出的Office系列产品之一，主要用于设计制作广告宣传、产品演示的电子版幻灯片，制作的演示文稿可以通过计算机屏幕或者投影机播放；利用PowerPoint，不但可以创建演示文稿，还可以在互联网上召开面对面会议、远程会议或在Web上给观众展示演示文稿。随着办公自动化的普及，PowerPoint的应用越来越广。

（2）多媒体制作工具 Authorware。Authorware 是由 Macro Media 公司出品，在国际上相当流行的多媒体制作工具，主要用来制作各种交互式多媒体节目。Authorware 采用流程图的设计方法。应用 Authorware，在课件中出现的每一幅图画、每一段声音都作为多媒体的一个元素，用固定的图标来表示。每个图标代表一种功能，设计者将一个个图标用鼠标拖到工作区，放在流程图的具体位置上，便可以使每个环节相互连接。若干图标相互连接便构成整个课件的蓝图，图标的顺序便是课件演示的顺序。此外，Authorware 为数据的获得、显示及控制项目的操作提供了几百个系统变数、函数及与其他应用程序的标准接口。在设计好的流程图中，点击一个图标，就会弹出一个对话框，对话框包括对象的性质、内容、播放条件等，只需要输入相应的参数即可。

第四节　调控技术

一、信息控制

现代职业教育教学在于引导学生自我发现、自我解决、自我评价并获取知识与技能。在教学过程中，职业培训师应提供必要的信息资料，但是对问题的结论、看法、观点或是答案，一律不能提供，对待学生在学习过程中的偏差、失误不指责，不挑剔，不讲泄气话，这一点是成功的关键。

职业培训师在教学活动中应及时接受信息的反馈，并进行必要的引导，主要从倾听、观察、答疑、咨询等方面着手。学会倾听，一是指导学生要在讨论时认真倾听同学的发言与意见；二是学生在交流活动过程中要学会倾听同学的发言与意见；三是职业培训师要认真倾听学生的发言、解释和提问，职业培训师要进行及时的信息处理，以决定是否进行必要的调控或引导。

二、时间控制

课堂上学生合作学习必须要有充分的时间，但也不能无限制，给出一定的时间，刚性控制。学生必须在规定的时间内完成相应的教学任务。这个时间是根据全体学生的状况给定的，能够保证绝大多数学生完成任务。学生在头脑里建立时间概念，明确整个教学活动的时间表，每个过程、阶段多少时间，职业培训师在每个阶段临近结束前做出警示。在教学活动中，学生上台展示、演讲同样必须做出限时，既要讲完整，又要讲清楚，还不能超时，这对提高学习效率，培养学生能力，完成教学任务是十分必要的。

三、声音控制

有些职业培训师在授课时从头到尾都用一个音调。有的都是高声调，有的都是低声调，讲课的速度也是一个速度，平铺直叙，没有重点，这样就很难调动学生的听课兴趣。一般要发挥学生的听觉作用来强化授课效果，应该注意在授课时音调要高低结合、快慢结合，对重点的内容要用音调重点提示，对于需要调动学生情绪的内容要低缓平和或激昂高亢。授课时也不宜过于刻意地变化音调，那样会令学生感到有些做作，难以达到很好的效果。

课堂上分组合作进行讨论，职业培训师不要以声音的高低来判断学生讨论的深入程度。学生分组合作进行讨论时应当冷静地思考，相互尊重，按照一定的规则进行讨论。发言者的音量控制在本小组成员听清楚为宜。一般来说，首次参加小组讨论的学生，热情高，争先发言，不自觉就会将发言的音量加大，已经习惯“声高有理”。职业培训师可适当提醒学生，并在点评中进行着重指出。经过几次小组讨论，发言者会很好地控制音量。

四、眼神反馈

反馈在教学上是师生之间的相互沟通、相互作用、信息往返交流的过程。职业培训师通过反馈既可以理解学生对教学内容的态度、评价、愿望和要求，也可以根据反馈信息，有针对性地调节教学进度、教学方法和知识的深浅程度。学生通过自己的表情、姿态、语言等，比较及时、直接、集中而明显地对教学做出反应。因此，有经验的职业培训师在课堂上，往往有意识、有重点地观察学生，从中发现问题，获得反馈信息，从而调整教学过程。

(1) 环视法。有经验的职业培训师将教室分成四个区，眼神有节奏、周期性地在四个区中不断交替巡视，这样就可以及时发现学生的反应。环视观察是为了了解所有学生的动态反应，获得有关课堂整体的信息。这些信息是进行课堂教学的基础。

(2) 点视法。当发现某个地方或某个人出现异常反应时，把目光集中投在那一点上仔细观察，及时发现问题，采取相应的措施。比如发现某个地方有人打瞌睡，就要进一步观察是多数人还是个别人，分析是学生方面客观原因造成的，还是职业培训师讲解平淡无味等主观原因造成的。又如有人交头接耳，要考虑是学生不专心听讲，还是因为没有听懂正在相互询问。再如有人紧皱眉头，眼中有疑惑神情，就要考虑他平时是学习比较吃力的学生，还是学习比较好的学生等。对观察到的问题经分析后做出决断，立即采取处理措施。

(3) 虚视法。就是说好像眼睛在看什么，但实际上什么也没看。这是无经验职业培训师为了防止精神紧张而采用的一种方法。虽然是虚视，目光也要自然，不要让学生从职业培训师的目光中看出紧张神情。而一旦学生发现职业培训师的目光呆滞，像背台词一样在背教案，就会降低职业培训师在学生心目中的威信。当然最好的解决方法是训练职业培训师在众人面前讲话的能力，把课准备充分，建立教好课的自信心。采用虚视法来掩盖自己的神情只是不得已的下策。

五、反馈调控

在实施教学的过程中，实现教学反馈主要从四方面着手，一是学生的提问，二是全面地观察学生分组研究讨论时的情况，三是学生学习成果的展示，四是学生相互间的问答交流。

职业培训师在教学的活动中应及时掌握教学信息反馈，要善于从学生的神态、情绪、参与活动的积极性等方面，细致入微地感悟学生学习过程中是否有困难、有恐惧感、有疑问，是否对该方法适应，学生有无厌倦心理，是否缺乏自信心等，并通过相应的方法帮助学生排解、克服。

第五节　导课艺术

从事教学实践的职业培训师，都特别注意精心设计教学的组织导课环节，创造了不少导课的艺术范例。

一、导课艺术的原则要求

导课的根本目的，是想方设法把学生的注意力吸引到课堂上来，为之后的学习做好心理准备，奠定良好的教学基础。所以，艺术性的导课一般应满足以下要求。

1. 目的明确，针对性强

虽然从根本上说，导课的目的是吸引学生的注意力，但是具体到每一堂课的导入，又有了更具体的目标。例如，有时是使新旧知识联系起来；有时是为了设置悬念引发学生对新内容的思考；有时想创设一种适合学生学习的意境；有时是解决学生对课题的疑问等。因此，艺术性的教学，必须首先明确导课的具体目的，导入语的设计、各种手段的使用都应针对具体目的。

2. 简洁明了，恰到好处

由于一堂课的教学时间有限，导课又不是授课的重点，所以不宜在课的开头花太多的时间。冗长、啰唆、不得要领的开头，不但没有美感，而且不能取得良好的教学效果。艺术性的导课，必须争取在较短时间内，用最精练的语言，达成事先要达到的目标。

3. 新颖有趣，能吸引人

根据心理学的研究，新异刺激可以有效地强化学生的感知，吸引学生的注意力。因此，具有新颖性的导课能够引起学生兴趣。

二、导课艺术的形式与方法

长期从事教学的职业培训师，创造了多种多样的导课艺术的形式和方法，可以总结如下。

1. 温故导课

具体做法是通过温习以前学过的知识，带出新内容来。这种方法的好处是，可以把以前所学的知识和新内容有机地联系起来，更重要的是能使学生对新内容有亲切感，很快地把注意力集中到新课上去。它适用于与以前所学知识有密切联系的内容。

2. 释题导课

职业培训师通过具体分析、解释课题词语，引发题意，调动学生学习的注意力和积极性，为进入新课做铺垫。值得注意的是，并不是所有的课题都能用释题导课的方法，只有那些能够引发学生思考的课题才能取得艺术性的效果。

3. 激情导课

职业培训师用生动的、极富感情色彩的语言，营造一种情绪氛围，从感情上叩击学生的心弦，使学生自觉地进入学习的轨道，这一方法取决于职业培训师的情感表达能力和教学内容的情感性。此方法使用不当，可能会适得其反，导致虚张声势、夸大或弱化情感，使学生反感。

4. 设疑导课

是利用思维对问题的敏感性，在导课的时候精心设计悬念，诱发学生的探究心理，调动学生思维的积极性。因为任何一门课程都可以找到问题设疑，所以这一导课方法的适用范围较广，常为广大职业培训师使用。

5. 故事导课

采用寓意深刻又幽默轻松的故事，把抽象的内容以浅显的形式引出来。故事导课所用的故事宜短忌长。故事要能说明问题，而且职业培训师在讲述时，要目的明确，引导分析，不能使学生的注意力局限于故事本身。

6. 创境导课

职业培训师在导课时根据教材特点，创设一定的情境，渲染课堂气氛，让学生置身于特定的情境之中，自然从情绪上过渡到新课上来。创境导课的情境一定要精当，真切感人，能够触动学生的心灵深处，启发他们的想象。因此，这一方法对职业培训师素养的要求也就比较高，需要职业培训师具备编剧的本领、导演的才能和演员的素养，才能成功导入教学。

7. 演练导课

在新课伊始，职业培训师通过展示挂图、实物、标本、模型，或做一些启发性强的实验、练习，使知识直观形象地进入学生头脑，把学生的注意力导入新课。此方法因其实践性强，又大多关系到师生双方，所以也常为职业培训师所采用。但需注意，直观演练须与语言讲授相结合，职业培训师与学生共同参与，效果才能较为理想。

8. 机变导课

指有时在课堂教学之前，突然发生或出现了有利于设计导课的事件或情景，职业培训师注意充分利用，即兴应变，以调动学生学习新课的主动性和积极性。机变导课要求职业培训师具备机智灵活、沉着应变的能力，才能把握时机、因势利导，成功地进行导课。

9. 幽默导课

就是根据教学内容的特点和需要，使用幽默手段导入新课，增强教学的趣味性，吸引学生的学习兴趣。

10. 气功冥想导课

就是在上新课前，先让学生闭上双目，进入气功状态，放松心情，消除紧张情绪，以平和愉快的心境迎接新课。

第六节 讲授技术

讲授新课是教学的重要环节，其目的是充分调动学生学习的积极性，争取在有限的时间内，让学生抓住教学的重点、难点和关键点，发展学生的智力。它的成败得失关系到整个教学的质量。有经验的职业培训师都比较注重抓住这一环节，精心设计教学过程，力创教学艺术的高潮。艺术性的讲授，一般体现在提问艺术、教学语言艺术和非言语表达艺术方面。

一、提问艺术

提问是控制学生思维过程，了解学生专业知识，集中学生注意力，检查教学目标是否实现，感性、理性、方法性是否达到的有效方法。提问是引发学生心智活动，促进学生思考发展的有效途径，是职业培训师与学生相互交流、教与学双方信息反馈和强化的有效手段。提问是教学活动的重要组成部分，是职业培训师应该掌握的重要教学技能，提问水平的高低直接影响着教学质量的高低。

1. 教学提问的特点

（1）精心设计，注意目的性。要紧紧围绕课堂教学中心来进行，在授课前要精心设计提问内容与形式，所提内容应具有典型性，形式要多种多样。

（2）难易适度，注意科学性。职业培训师既要熟悉教材，又要熟悉学生。要掌握提问的难易程度，既不能让学生答不出，也不能简单地答“对”与“不对”，要使学生“跳一跳才摸得着”。难度过大的问题要设计铺垫性提问。

（3）新颖别致，注意趣味性。要注意内容的新颖别致，使学生听后产生浓厚的兴趣，继而积极思考。一些学生熟知的内容，要注意变换角度，使学生听后有新鲜感。

（4）循循善诱，注意启发性。启发性是课堂提问的灵魂。要尽量避免单纯的判断（如“对不对”“是不是”等），多用疑问性提问，还要注意运用发散性提问、开拓性提问，使学生在提问中受到启迪。

（5）因势利导，注意灵活性。职业培训师在提问时要注意运用智慧，根据变化了的情况，有针对性地发问。不能不顾课堂情况的变化，生硬地照搬照用课前设计好的问题，也不能在学生答不出时仍然追问学生。要多运用疏导性提问、铺垫性提问，以适应变化了的情况。

（6）正确评价，注意鼓励。学生答完问题，职业培训师要给予肯定，在充分肯定的同时要指出不足，提出希望。职业培训师应当给每个学生以成功的体验，又指明努力的方向，需要多给予鼓励。

（7）面向全体，注意广泛性。职业培训师在提问时一定要采取“八面骚扰法”，注意到提问的面。即使在提问个别同学时，也应该注意让其他学生认真听。如有经验的职业培训师常这样说：“现在请×××同学来回答，其他同学注意听他回答的对不对，然后说说自己的看法。”这就照顾了大多数学生，使回答的、旁听的都能积极动脑。

（8）因材施问，注意针对性。课堂提问时要考虑提问内容的难易，事先要根据提问对象的年龄、性格、知识基础与能力水平来设计问题。注意提问的层次和梯度，并根据提问的难易，提问不同程度的学生。

除了以上的特点外，还应该注意以下几点：

1）优选提问，问在知识关键处。

2）选择时机，问在教学当问处。

3）掌握分寸，问在难易适中处。

4）注意对象，问在学生需要处。

2. 教学提问的类型

教学提问有多种多样的类型，可以从不同角度进行分类。

（1）根据教学提问的水平，由低到高可分为：第一，知识水平的提问，目的是用来确定学生是否记住先前所学的内容，它所涉及的心理过程主要是回忆；第二，理解水平的提问，目的是帮助学生组织所学的知识，弄清它们的含义，要求学生能用自己的话来叙述所学的知识，能比较和对照知识或事件的异同，能把一些知识从一种形式转变为另一种形式；第三，应用水平的提问，这类提问可以用来鼓励和帮助学生应用已学知识去解决问题，它要求学生能把所学的某些规则或理论应用于某些问题，对问题进行分类、选择，以确定正确的回答；第四，分析水平的提问，目的是用来分析知识的结构、因素，弄清事物间的关系或事项的前因后果，要求学生进行批判性思维，能分析资料，以确定原因，进行推论；第五，综合水平的提问，目的是帮助学生将所学知识以另一种新的或有创造性的方式组合起来，形成一种新的关系，要求学生要对某一课题或内容的整体有所理解，能进行预见，创造性地解决问题；第六，评价水平的提问，可用来帮助学生根据一定的标准来判断材料的价值，要求学生对一些观念、价值观、问题的解决办法或伦理行为进行判断和选择，能提出自己的见解。

(2) 根据教学提问的信息交流形式，可分为：第一，特指式提问，对某个特定的学生直接发问，目的是检查个别学生的学习效果；第二，泛指式提问，不确定某一个人回答，目的是引起全班同学的思考；第三，重复式提问，职业培训师重复某个同学提出的问题，期望其他同学来回答，目的是调动学生质疑和解疑的积极性；第四，反诘式提问，针对学生的错误回答提出反问，使学生重新思考问题，逐步意识到自己认为正确、完善的答案是错误的，得出新的、正确的结论；第五，自答式提问，不期望学生回答，由职业培训师自答的问题，常用来实现教学内容之间的过渡。

(3) 根据教学提问的内部结构，可分为：第一，总分式提问，是指将一个大问题分解为若干个小问题，这些小问题本身不直接牵连；第二，台阶式提问，是指将几个连贯性的问题由易到难依次提出，前一个问题是后一个问题的基础，后一个问题是前一个问题的深化，组成了层次分明的思维的“台阶”；第三，连环式提问，是指职业培训师根据知识内在的联系，设计以疑引疑、环环相扣的一系列问题进行提问；第四，插入式提问，是指根据教学需要，在教学过程中随机插入，提出问题。

(4) 根据教学提问的具体方式，可分为：直问和曲问、正问和逆问、单问和复问、快问和慢问。

3. 教学提问的方法与技术

人们进行了大量的研究，概括出了下列几个方面的教学提问的方法和技术。

(1) 设计标志教学结构和方向的关键问题，把它写进教案中，一项任务至少一个问题，尤其是较高水平的问题。再根据学生的回答问一些随机性的问题。

(2) 清楚、详细而精确地表述问题，避免两可的、模糊的提问。例如“我们昨天学了什么”或者“这个故事的主人公怎么样”等。提专一的问题，并避免无休止的提问，不然会使学生受到挫折或感到迷惑。表述清楚的提问，能提高正确回答的可能性。

(3) 使问题适合学生的能力水平。恰当的提问，可以增强学生对问题的理解，减少对自身能力的忧虑。在参差不齐的班级里，要用自然的、简洁通俗的语言表述，注意调整词汇和句子结构以符合学生的语言和概念水平。

(4) 按照逻辑的和循序渐进的原则提出问题，避免缺乏明确的中心和目的的随便提问。要考虑到学生的智力和能力水平，预先了解将要学习的内容、论题和教学任务。按照预先计划的次序提问，将有助于学生的学习和思维训练。

(5) 提各种水平的问题，提出基本问题检查学生对所学内容的基本理解，并以此作为进行较高水平学习的基础。较高水平的问题则为学生提供了锻炼较高水平思维形式的机会。

(6) 紧随学生的回答继续提问，鼓励学生澄清最初的回答，提高回答问题的完整性及在更高的水平上进行思维。例如，"你能否再重述一遍你的观点"，"你能进一步对你的回答做出解释吗"，"你如何来捍卫你的立场"，鼓励学生澄清、扩展或支持对较高水平问题的最初回答。

(7) 在学生回答之前提供思考的实践，提问以后等 3～5 s 或更长的时间，可以增加学生回答的内容，并鼓励学生在较高水平上进行思维。让学生马上回答问题，会明显地减少职业培训师和学生间、学生和学生间富有意义的相互作用。在重复或重新表述问题之前等待足够的时间，可保证学生对问题的充分理解。

(8) 提问那些能鼓励学生全体（或大多数学生）参与的问题。所提的问题要能使大多数学生都参加到学习活动中去。例如，指定非自愿者来回答问题；对难度较大的问题采取自由处理的形式；留心沉默寡言的学生的语言或语言暗示，如困惑的表情、似举非举的手势等；鼓励学生与学生间相互启发；排圆形或半圆形的座次，创造有利于学生参与的环境等。

(9) 鼓励学生提问。这样做可以引导学生积极参与。较高认知水平的提问能刺激学生进行较高水平的思维活动，对探究学习是不可缺少的。要给学生制造提问的机会，并将探索活动进行到底。在支持性情感气氛中，赞许和鼓励、接纳和运用学生的想法，对学生的感想做出反应等，都可推动学生进行集体的或独立的探究。

二、教学语言艺术

教学语言是教学信息的载体，是最古老、最普遍的教学工具，是提高教学质量的基本教学技术，职业培训师的语言表达能力直接影响着教学质量。教学语言艺术的特点，主要表现在如下方面。

1. 教育性

由于职业培训师职业的特殊性，职业培训师在教学活动过程中必须把教书和育人结合起来，其中，育人是根本。体现在语言上也就要求职业培训师的语言要有教育性。

2. 科学性

职业培训师语言的科学性是指职业培训师的语言必须符合教学内容的学科特点，

具有专业用语的科学性，表述得准确、全面、严密，另外又要求符合语言学意义上的科学性，即规范化。职业培训师的教学过程是一个复杂的传授知识、形成技能、培养能力、启迪智慧的过程，在这个过程中，职业培训师必须善于选择和运用规范的语言和学生交流。不能随意性太强，更不能说脏话、粗话、大话、假话。每句话都应是经过慎重考虑的，有根据的。

3. 启发性

教学语言的启发性是指教学语言应当含蓄、耐人寻味、发人深思，富有启迪学生思维的功能。

4. 审美性

教学语言的审美性有三个方面的要求：一是要求职业培训师利用语言创设一种引人入胜的优美语境，给学生以浓郁的审美感受。二是职业培训师本身的教学语言要美。如优美的语汇、甜美的语音、悦耳的语调等，具有很强的审美感。三是教学语言的流程要有美感，如天衣无缝的衔接美，动静交错的起伏美，抑扬顿挫的节奏美等。

教学语言艺术充分表现了职业培训师的教学魅力。正所谓：职业培训师语言的魅力来自于善于激趣、深于传情、工于达意，对学生产生吸引力、感染力，产生春风化雨般的魅力。所以职业培训师要做到，课堂上的每一句话，乃至每一个词都要"言出谨慎"，反复推敲，不仅要加大"含金量"，准确、深刻、富有哲理，而且要增加"糖分"，亲切、自然，如话家常。职业培训师的语言应具有这样的魅力：叙事说理，条理清楚，全面紧密，具有逻辑性；描人状物，有声有色，情景逼真，具有形象性；范读叙述，情真意切，真挚动人，具有感染性；借助手势，穿插事例，比喻新颖，具有趣味性；发音准确，叶字清晰，措辞恰当，具有精确性；举一反三，弦外有音，循循善诱，具有启发性。

三、非言语表达艺术

教学的非言语表达艺术，是指职业培训师在教学中创造性地运用体态、手势、表情、眼神等非言语因素进行的教学表达活动。它是对职业培训师教学语言表达的重要补充。

1. 非言语表达的教学功能

非言语表达艺术具有传递信息和美化职业培训师形象的功能。

(1) 传递信息。有人对言语的、声音的和面部的三种信息传递形式的研究发现，在传递信息的形式中，言语信号占7%，声音信号占38%，面部信号占55%。有人在一系列研究之后推断，在绝大多数情况下，语言交流仅仅表达了人们思想的最少部分——30%～35%。在教学中，利用非言语传递方式，则能在总体上加强教学信息传递的真实性、形象性和科学性，加深对学生各种感官的刺激，从而促进他们对职业培训师传递信息的深刻理解，收到理想的教学效果。

(2) 美化职业培训师形象，提高学生对职业培训师形象的认同程度。非言语直接受控于大脑，是职业培训师内心活动自发的、真实的反映，眼神、表情及手势等无声语言能充分反映出职业培训师本人的气质和人格，也会深深地印在学生心目中，可谓"身教重于言教"。

2. 几种常用的非言语表达方式

常用的非言语表达方式有脸部表情、眼神和体态。

(1) 脸部表情。脸部表情是由脸的颜色、光泽、肌肉的收与展，以及脸面的纹路和脸部各器官的动作所组成的。它以最灵敏的特点，把具有各种复杂变化的内心世界最迅速、最敏捷、最充分地反映出来。人类具有异常丰富的脸部表情。在交流过程中，人们的脸部表情起着重要的作用。事实上，脸部的表情是成功的语言，比嘴里讲的更复杂千百倍。据推测，人的脸能做出大约25万种不同的表情。研究表明，在解释相互矛盾的信息过程中，人们更加看重的是脸部表情而不是语言内容或声调。职业培训师的脸部表情往往是学生注意力最集中的地方。职业培训师拉长面孔板着脸，学生就会感觉压抑、恐慌，唯恐"今夜有暴风雪"。如有位职业培训师性格内向，工作责任心强，学生都很钦佩赞赏他的才华和事业心，但受不了他那张整天阴沉沉的面孔，就推举班长为代表向他提意见，要求他不要老是板着面孔。职业培训师温和可亲的面部笑容有神奇的教育功能。职业培训师的微笑，是阳光，可以排除脸上的冬色；是春风，可以催开心灵的蓓蕾；是栈桥，可以沟通师生的心灵；是军号，可以给人以力量；是天使，可以唤起学生对美的追求。

职业培训师要学会恰当地利用面部表情，有效地传递信息和形成良好的育人氛围。具体要做到以下几点。

第一，自然大方。职业培训师的表情必须是真情的自然流露，切忌扭捏作态、矫揉造作，皮笑肉不笑。职业培训师要让自己的内心活动与外在表情相一致，在学生面前坦诚自然、表里如一。

第二，温和适度。师生关系是一种具有高度社会责任感和高级情感的特殊人际关系，这就要求职业培训师在运用脸部表情时要恰如其分、恰到好处，做到嬉笑而不失态，哀痛而不失声，端庄中见微笑，严肃中有柔和，科学、理智地调控自己的情绪与面部表情的变化。

第三，宽容大度。要求职业培训师对学生应友善、信任和宽容，这是教学民主的反映，是师生关系融洽、和谐的前提。

(2) 眼神。眼神，即眼睛的神态。眼睛是心灵的窗户，它能表达许多语言所不易表达的复杂而微妙的信息和情感。心理学研究得出的结论为：瞳孔的收缩与放大既与光线刺激的强弱有关，也与心理活动有关。许多科学家从人的胚胎发育中发现，眼睛实际上是大脑在眼眶部位的延伸，瞳孔大小的变化直接由脑神经支配。因此，大脑发出心理活动就很自然地反映在眼中，从而使眼睛成了五官中最敏感的器官，包揽 70% 的感觉领域。

在教学中，职业培训师对眼神的艺术性运用，能使师生在无声的交流中达到“心有灵犀一点通”的境界。例如，学生听不懂或听得不耐烦时，眼睛就会发出情绪的信号；反之，学生答错了题所答非所问时，职业培训师的眼睛也会发出指示的信号。一个善于悟译目光语的职业培训师，就会根据学生的眼神来不断修正自己的教学方案，学生也应该从职业培训师的目光语中，洞察职业培训师情感的微妙变化。在教与学的双向交流中，学生的眼神常常起到了反馈信息的作用，而职业培训师的目光则起到了调节信号的作用。

(3) 体态。体态是由体动和姿态组成的。体动指身体的动作，姿态是身体的造型。表达思想感情的体态主要包括头语、身姿和手势三种。体态既可以支持修饰语言，表达口头语言难以表达的情感意味，也可以表达肯定、默许、赞扬、鼓励、否定、批评等意图，收到良好的教学效果。如体态是一个人精神和个性的直接体现，同时又是构成其风度美的重要因素。事实上，人的步态与其个性是密不可分的，人们可以通过改变步态来弥补个性缺陷。形象地来说，改变步态就能改变对自己和别人对自己的看法。采用自己所喜欢的人的姿势和步态：自信、敏捷、果断地迈开大步，人们就会刮目相看。所以，职业培训师应注意使自己的体态流转而和谐，这是职业培训师有素养和精神内涵的表现。在教学实践中应具体注意以下几点。

第一，头语亲切明快。例如，当学生回答问题正确时，职业培训师往往会用点头予以肯定，如回答的不正确时，职业培训师轻轻地摇一下头，予以否定。这样往往能比有声语言更简洁明快地表达职业培训师的教学意图和反应，且使学生感到亲切，即便是否定也不会感到尴尬。而配合教学内容，巧用头语会加深学生对学习内容的理解。

第二，手势准确协调。手势在教学中大体有几类：第一是情意手势。这种手势主要表达职业培训师的情感，使其形象化、具体化。第二是指示手势。它是指人说人，指物说物，往往用来指示前后左右视觉可及范围内的具体对象。例如，职业培训师指着某个学生请他发言，用教鞭指着黑板要求注意哪几个词语，或者指点学生怎样观察事物等。第三是象征手势。这种手势比较抽象，但用得准确恰当，也能引起学生心理上的联想，启发思维。例如在介绍祖国建设成就时讲到，“同学们，祖国的未来，前程似锦”，职业培训师就可以把右手同前方伸出，以示未来。在教学中，手势要少而精，不能滥用，否则会使学生眼花缭乱、应接不暇，效果将适得其反。

第三，站姿端庄灵活。站姿是最能体现职业培训师的信心和风度的身姿。这种信心和风度通过两方面体现：第一，矜持感。它取决于职业培训师站立的重心，职业培训师应尽量取正面姿态，即使在指点、解释板书内容时，也应处半侧面趋向正面姿态，这样不但可以体现职业培训师端庄的风度，也能时时保持与学生心理联系的空间势态。第二，力度感。这从身姿来说，站立时腹部要微微收腹，胸部要挺起，下肢要微微分开，这样才显得富有力量。总之，职业培训师讲课时的站姿要以安静、端庄为宜，切忌倚靠讲台、黑板，给学生懒散、拖沓、无精打采的感觉。

第四，步姿和谐有生气。走路时手臂摆动的幅度及步子的大小、弹性能显示一个人自信、快乐、友善等心理特征。职业培训师在走进课堂时要始终保持生气勃勃的步姿，显示出教育者的一种朝气，从而给学生以孜孜不倦的力量和气宇轩昂的美感。职业培训师在课堂里的步姿要注意与教学内容、课堂气氛的和谐，做到节奏有度。职业培训师富有节奏的步伐不但可以引起学生的注意，而且可以产生“可视性”的美感效应。另外，职业培训师还要伴以简洁、生动的身姿，结合教学内容进行教学。